人が辞めない飲食店「定着力」の強化書

超人材不足を解決する「評価制度」のつくりかた

株式会社
スリーウェルマネジメント
代表取締役
三ツ井創太郎

同文舘出版

はじめに　――コロナ禍の次に迫る、飲食業界超人材不足時代を生き抜くために

２０２０年初頭から続いていたコロナ禍も収束に向かい、ようやくお客様が戻ってきた飲食業界。しかし、喜ぶのも束の間。

「人手が足らず、満足な営業ができない」

こんなお店が増えており、当社にも人材不足に関する問い合わせが数多く寄せられる状況となっています。

「求人費をいくら使っても採用ができない」
「お客様はたくさん来てくれるのに、スタッフが少なくて営業レベルが低下している」
「人手不足で事業が継続できない」……

結論から申し上げると、飲食業界において、採用媒体や広告代理店に頼るだけで人材不

足が解消できる時代は終わりました。これからの時代は、**「採用力」のみならず、「定着力」を強化できる会社しか生き残ることはできません。**

一方で、飲食業における「定着力」強化に向けた具体的な事例やノウハウを体系的にまとめた書籍はこれまでほとんどありませんでした。

「このままでは自社が経営危機に陥るのは目に見えているけれど、具体的に何から手をつけていいかわからない」

このように今、人材不足で困っている多くの飲食店経営者にとって必須の「採用力」+「定着力」強化のノウハウについて、当社のコンサルティング成功事例とともにわかりやすくお伝えしていきます。

たとえスタッフが採用できたとしても、その採用したスタッフが辞めてしまっては意味がありません。つまり、定着力の強化が、飲食店の人材不足を解消するためには不可欠なのです。

そして、この定着力を高めるための肝が、**評価制度の構築と運用**であると私は考えています。実際に、「公平に評価をしてもらえないから」という理由が、飲食店の離職理由の上位を占めています。

当社の支援先でも、評価制度を導入したことでスタッフの定着力が高まった事例が数多く発生しています。評価制度の内容や、社内でのさまざまな取り組みについて求人広告などでしっかりとＰＲしていくことで、「応募者が増加した」「今までは応募してくれていなかった優秀な人材層からの応募が増えた」といった成果もあがっています。

本書では、そうした事例とともに、評価制度の考え方から実践方法までを詳しく解説していきます。

また、読者の皆さんに即実践していただけるように、**エクセルシート等をダウンロードできる専用ＷＥＢサイト**や、**本書で紹介した成功事例や、社長との対談を収録したYouTube動画などのＵＲＬ（ＱＲコード）**も掲載しました。ぜひ、あわせてご活用ください。

本書が、日本全国の飲食店経営者の皆様が抱えるお悩みの解決に少しでも貢献できれば、こんなにうれしいことはありません。

株式会社スリーウェルマネジメント　代表取締役　三ツ井創太郎

目次■人が辞めない飲食店「定着力」の強化書
――超人材不足を解決する「評価制度」のつくりかた

第2章 飲食店の評価制度を成功させる経営の仕組みづくり

第3章 人が辞めない飲食店の評価制度のつくり方

第4章 スタッフが成長する飲食店の報酬制度とキャリアデザイン

第5章 定着率の高い飲食店のリーダーがやっていること

第6章 業務負担を軽減して離職を防ぐ飲食店のDX・省人化

第7章 求職者が途切れない飲食店の採用ブランディング

カバーデザイン 三枝未央
本文DTP マーリンクレイン

第1章

超人材不足時代を乗り切る！「採用力」と「定着力」

01 「求人をかけても全く応募がない……。もっと採用できる方法はありませんか？」

当社の無料経営相談窓口に1通のメールが届きました。

「地方都市で居酒屋を4軒展開している経営者の鈴木（仮名）と申します。

2020年からのコロナ禍がようやく収束し、常連のお客様も戻ってきてくださっています。

一方で、コロナ禍が長引く中で退職してしまったスタッフも多く、さまざまな求人媒体で人材募集をかけていますが、社員はもちろん、アルバイトスタッフの応募もほとんどありません。

人材不足で満足な営業もできず、常連のお客様にもご迷惑をかけてしまっている状態です。もっと人が採用できる求人広告等はないでしょうか？」

このような内容のご相談でした。その後、鈴木社長にオンラインで詳しい状況をお聞きしました。

三ツ井「御社では今、人材採用や離職防止に向けて、どんな取り組みをされていますか？」

鈴木社長「採用に関しては、以前はハローワークに求人を出すだけで採用できていたのですが、今はしっかりとお金を支払って採用媒体に広告を出しています。正直、他には何もしていません。離職防止については、社員と2カ月に1回くらいは視察をかねた飲み会を実施して、コミュニケーションを図っています」

確かに、コロナ禍前だったら、求人媒体に広告を出すだけで人が採用できたかもしれません。社員との定期的な〝飲みニケーション〟で離職防止に効果があったかもしれません。

しかし、今の時代は、**こうした取り組みだけで人材不足を乗り切ることは難しい**と断言できます。

飲食業界の厳しすぎる現状

ここで、飲食業界の人材不足に関するデータを見てみましょう。図1は、帝国データバンクが2023年10月に実施した「人手不足に対する企業の動向調査」のうち、従業員(非正社員)の過不足状況について行なったアンケート調査結果をまとめたものです。

業種別の人材不足割合を見てみると、飲食店は旅館・ホテルを上回り1位という状況です。3位との差は20％近くあり、**全業種の中でも飲食業界が圧倒的に人材不足**に陥っていることがこのデータからも読み取れます。

なぜ、飲食店はこのような「**超人材不足**」の状況に陥っているのか？　その理由は大きく2点です。

①長引くコロナ禍で飲食業界を離れる人が増えた

当社の支援先でも、コロナ禍を機に飲食業界を去っていった従業員は少なくありませ

図1 非正社員の人手不足割合（上位10業種）

（%）

		2021年10月	2022年10月	2023年10月
1	飲食店	63.3	↑ 76.3	↑ 82.0
2	旅館・ホテル	35.9	↑ 75.0	↓ 73.5
3	人材派遣・紹介	50.0	↑ 57.5	↑ 64.2
4	メンテナンス・警備・検査	46.7	↓ 46.4	↑ 54.9
5	飲食料品小売	46.4	↑ 47.3	↑ 50.0
6	各種商品小売	37.8	↑ 51.2	50.0
7	教育サービス	34.5	↑ 37.5	↑ 50.0
8	金融	24.7	↑ 36.7	↑ 45.1
9	繊維・繊維製品・服飾品小売	47.1	↓ 36.8	↑ 44.2
10	娯楽サービス	37.7	↑ 55.3	↓ 44.0

※母数が20社以上の業種が対象
出所：株式会社帝国データバンク「人手不足に対する企業の動向調査」、2023年10月

ん。実際、総務省「労働力調査」における飲食店の就業者総数を見てみると、２０１９年度は２９６万人であったのに対し、２０２２年度は２６９万人と、実に27万人も減少しています。

②負の連鎖で離職率が悪化

厚生労働省が発表した「令和４年雇用動向調査結果の概況」によると、２０２２年の宿泊業、飲食サービス業の離職率は26・８%と元来全業種の中で最も高い数値となっています。この高い離職率の要因となってい

図2 産業別就業者数

単位：万人

産業	2019年度	2020年度	2021年度	2022年度	2019年対比
宿泊業	64	55	51	53	85.9%
飲食店	296	267	261	269	91.6%
持ち帰り・配達飲食サービス業	58	59	61	59	101.7%

総務省「労働力調査」（2022年）をもとに作成

るのが、以前からいわれている飲食業界の労働環境です。

飲食業界の労働環境は、以前に比べるとだいぶ改善されてきてはいますが、まだまだ「長時間勤務」「不規則な休日」「慢性的な人手不足」「人材が定着しにくい」などの課題があり、結果として正社員の負担が増えて離職してしまうという「**負の連鎖離職**」が起きています。特に2023年はコロナが収束し、急にお店が忙しくなったことで、この連鎖離職が拡大しました。2024年以降も、こうした傾向は続くと思われます。

コロナ禍により飲食業界で働く人が減り、さらに負の連鎖離職が重なることで、人材不足の問題は劇的に深刻化しています。こうした厳しい状況の中に

図3 飲食業界の負の連鎖

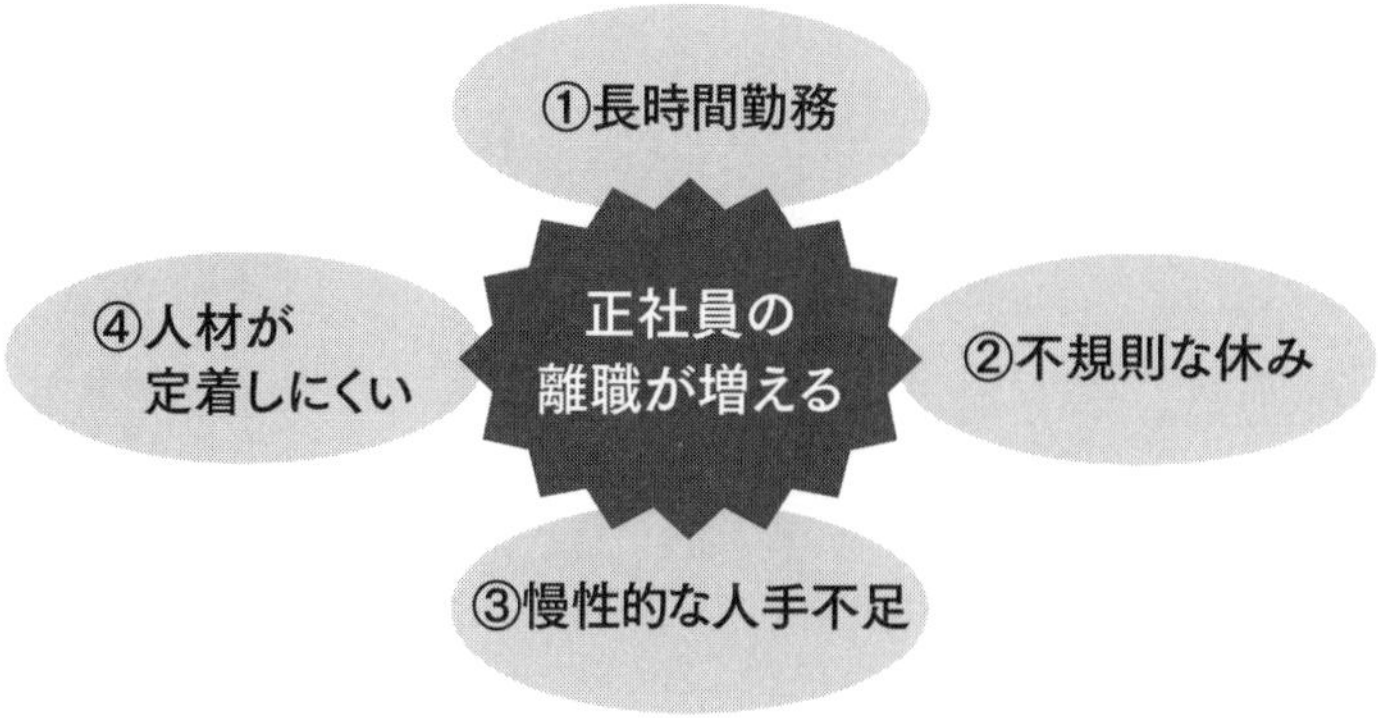

おいて、前述の鈴木社長の会社のようにコロナ禍前にやっていた手法だけでは、超人材不足時代を生き残ることは難しいでしょう。

これまで通りの感覚的なものではなく、人材採用や定着に関して正しいメソッドを学び、着実に実践していく取り組みが必要なのです。

02 人材不足時代にやるべき2つのこと①
採用力の強化

前項でお話しした飲食業界を取り巻く「超人材不足」という状況に加え、今後人口減少が加速していく日本において、飲食業として生き残るためにやるべきことは2つです。1つは「**採用力**」を強化すること、もう1つは「**定着力**」を強化することです。まずは「採用力」から解説していきましょう。

採用ブランディングを高める

採用力を高めていくためには、競合の求人との差別化要素を高めていくことが重要です。差別化要素を高めるためにやるべきことの1つめは、**採用ブランディング**です。

採用ブランディングとは、「ここで働きたい」と思ってもらえる人を増やす活動です。具

図4 超人材不足時代を生き残るためにやるべきこと

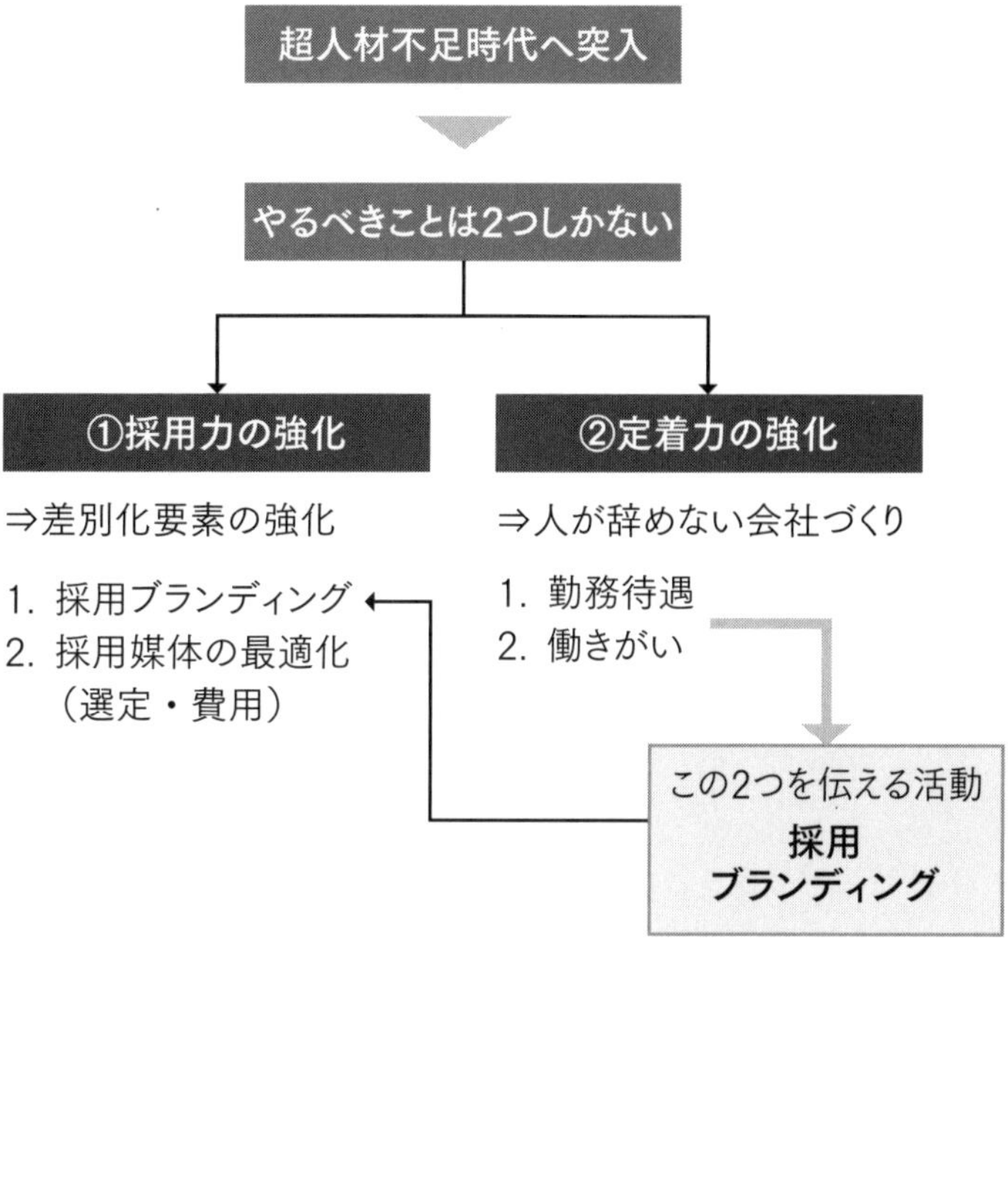

体的には、次の手順で行ないます。

ステップ1　採用ターゲットを明確にする

自社で採用したいターゲットが20代のアルバイトなのか、それとも家族を持っている40代の男性中途社員なのかによってPRするべき内容は変わります。

ステップ2　採用ターゲットに対して、自社の強みをPRする方法を決める

例えば20代のアルバイトスタッフの採用であれば、Instagramを活用した採用ブランディングなども有効です。最近では採用に特化したホームページ、採用に特化した動画やパンフレット等（これらを総称して「採用ツール」という）を活用して、自社の魅力を伝える企業も増えてきました。競合他社に負けないためには、自社の魅力＝強みの棚卸しを行なったうえで、その強みを伝えていく活動＝採用ブランディングが重要です。

――採用媒体を最適化する

2つめは**採用媒体（選定・費用）の最適化**です。

具体的には、自社の業種特性などを踏まえたうえで採用媒体を選定し、掲載開始後も採用媒体ごとの採用単価等を分析し、採用コストの最適化を図ることです。

なお、マイナビが行なっている「中途採用状況調査2023年版（2022年実績）」において、人事担当者にヒアリングを行なった「実際に効果が出た媒体（サービス）」の割合は、1位が転職サイトで39・9％、2位が人材紹介の34・1％、3位が求人検索エンジンの33・2％でした。ちなみに求人検索エンジンとは、求人情報だけを集めた検索エンジンであり、有名なものとしてIndeedなどがあります。

一方で、2021年と比べて効果が高まっているものとして「**アルムナイ採用**」や「**SNS採用**」があります。

アルムナイ採用に関して、あまり聞きなれない方が多いと思いますが、これは過去に退職したスタッフに声をかけて再び採用する手法です。アルムナイとは英語で「卒業生」「同窓生」といった意味です。実際に当社の支援先では、コロナ禍やそれ以前に退職してしまったアルバイトや社員の方に声をかけ、戻ってきてくれた事例も数多くあります。

「一度は飲食業界を離れて違う職種に就いたけれど、やはり長年働いた飲食業界がいい」

と思っている人や、「結婚で退職したが、子育てがひと段落したので、また働きたい」という人も少なくありません。こうしたいわゆる「カムバックスタッフ」が会社に戻ってきやすいよう、**カムバック採用**に特化した採用ホームページを設ける飲食企業も徐々に増えてきています。

また、SNS採用に関しても以前より増加してきています。支援先では、Instagramの広告機能を活用し、自店舗エリア周辺の採用ターゲット層に対して直接、求人広告を表示させる手法で、多くのアルバイトスタッフの採用に成功した事例もあります。

Instagramを活用した採用の詳しい内容に関しては、第7章でお話しします。今までの採用手法だけにとらわれず、新たな採用手法にチャンレジしていくことも検討してみてください。

費用対効果の分析を行なう

そして採用媒体の選定以上に重要なのは、行なった採用活動に関して、**しっかりと費用**

図5 応募者が出た採用媒体・サービス

サービス	2021年	2022年	前年比
転職サイト	36.5%	39.9%	109.3%
人材紹介会社	37.2%	34.1%	91.7%
求人検索エンジン	30.9%	33.2%	107.4%
ハローワーク	30.6%	32.1%	104.9%
企業ホームページ	28.4%	28.9%	101.8%
ダイレクトリクルーティング	19.1%	25.3%	132.5%
合同企業説明会	17.4%	19.9%	114.4%
ヘッドハンティング	10.0%	18.2%	182.0%
採用管理ツール	13.4%	16.9%	126.1%
有料求人情報誌	14.6%	16.5%	113.0%
リファラル採用	14.5%	16.1%	111.0%
SNS	8.9%	13.8%	155.1%
オウンドメディアリクルーティング	10.4%	12.4%	119.2%
縁故（コネ採用）	10.0%	12.1%	121.0%
アルムナイ採用	7.6%	12.1%	159.2%
フリーペーパー	8.0%	9.6%	120.0%
新聞の求人欄	5.4%	8.4%	155.6%
折込求人紙	7.0%	8.4%	120.0%
ロコミサイト・掲示板	—	7.5%	—
ポスティング	—	5.9%	—
その他	0.2%	0.0%	1.0%

株式会社マイナビ「中途採用状況調査2023年版 ～利用サービスのうち、応募者が出たサービス～」をもとに作成

対効果の分析を行なうことです。「やりっぱなし採用」では成果を出すことはできません。どの採用媒体にいくらコストをかけ、その媒体から何名の応募があり、実際に面接を実施した件数は何件なのか？　最終的に採用できた人数は何名なのか？　そして、1名を採用するためにかかったコスト＝**採用単価**はいくらなのか？　などを分析することが重要です。

採用単価の分析も重要ですが、次ステップの**「移行率」**も重要です。これは応募した人がどれだけ面接に移行しているか、さらに面接を実施した人をどれだけ採用できているか、つまり各ステップにおいて、次のステップにどれくらいの割合で移行できたかを分析することです。

この移行率を分析することで、自社の採用ステップの問題がわかる場合もあります。

事例　採用できない理由は店長が原因だった

実際に支援先であった事例ですが、社長から「かなりの採用費をかけているけど、A店は全く採用できない」というご相談をいただきました。私が移行率を見てみると、A店の応募から面接への移行率が極端に低いことがわかりました。

応募は相当数入っているが、面接に進んでいない。そこで、実際にA店の店長にヒアリングをしてみました。

店　長「確かに応募はきていますが、最近の子はなかなか面接に来ないですね」

三ツ井「応募があった人に対してはどのように対応していますか？」

店　長「面接日程に関しては、私が店舗に出勤している日を何日か伝えて、日程の調整をしています。最近は人手不足で忙しいのですが、できる限り時間が取れる日時を複数提案しています」

実際に、応募があった際のやりとりを見せてもらうと、面接の候補日程が応募が入った日から2週間後というケースもありました。当然ながら、応募者はA店だけを受けているとは限りませんので、これでは面接をする前に他のお店で採用が決まってしまいます。店長が言っていた「面接に来ない」というケースの大半は、面接予定日が遅く、他のお店で採用が決まってしまうという**採用機会損失**が発生していたのです。

そこで、こちらのお店では、店長以外のスタッフでも面接ができるように**「面接シート」**と、応募から面接までの簡易マニュアルを作成し、採用機会損失をなくす仕組みを構築しました。

飲食店では、このようなケースが多く発生しています。採用機会損失を極力なくすために、今まで店舗で対応していた応募者管理を、本部で一括して行なう会社も増えてきました。下記のＱＲコードから、このときに作成した「面接シート」をダウンロードしていただけますのでご参考ください。

最近では、採用管理をシステムで一括で行なえるサービスも増えています。採用管理システムは、一般的には**ATS（Applicant Tracking System）**といわれており、応募者情報の一元管理や、面接日程調整までできるサービスもあります。本部人材も不足する中で、こうしたシステムを活用して採用管理のＤＸ化を検討してもいいかもしれません。

ダウンロード

面接シート

03 人材不足時代にやるべき2つのこと②
定着力の強化

次にお話しするのは「**定着力**」強化についてです。

定着力を高めるというのは、**人が辞めない会社づくり**を行なうことで、これは大きく「**勤務待遇**」と「**働きがい**」に分かれます。そして、この「勤務待遇」と「働きがい」を求職者に伝えていく活動が、先ほどもお伝えした採用ブランディングになります。

――競合他社に負けない勤務待遇を目指す

勤務待遇とは、「**休日**」「**休暇**」「**残業時間**」「**給与**」「**賞与**」などの待遇です。売り手市場ともいえる昨今の飲食採用市場においては、ひと昔前まではあまり見かけなかったような好条件の勤務待遇を打ち出す企業が年々増加しています。たとえ自社が「実際に働いてみたら、採用で競合となる他社よりも働きやすい良い会社」であったとしても、勤務待遇面で競合他社に負けてしまっていては、求職者に自社を選んでもらうことは難しくなります。勤務待遇の強化には当然コストがかかりますが、採用媒体などで競合他社の勤務待遇をしっかりと調査・分析したうえで、自社の勤務待遇面の強みを磨き、採用媒体などでしっかり打ち出していく取り組みが重要となります。

働きがいの弱点を本気で改善する

私は、飲食店における働きがいとは「**公平な評価**」「**誇り**」「**企業文化**」「**成長環境**」の4つ要素から構成されていると考えています。最近では、勤務待遇とともに「働きがい」を強く意識する求職者も年々増加しています。

詳細については次項で詳しくお話ししますが、この4つの要素における自社の弱点、つまり「働きがいの弱点」を把握し、優先順位を決めたうえで本気で改善していく取り組みを行なっていくことが重要です。当たり前のことですが、働きがいの弱点は放っておいて自然に改善することは絶対にありえません。

皆さんは、「定着力が低い会社」、すなわち「勤務待遇が悪く、働きがいがない会社」で働きたいと思いますか？　当然ながら、答えはノーだと思います。

――穴の空いたバケツになっていませんか？

ここまでお話しするとお気づきだと思いますが、皆さんがはじめに取り組むべきことは「定着力」を強化することです。定着力を強化せずに求人広告費をかけ続けるのは、**穴の空いたバケツに水を入れ続ける**のと同じなのです。

実際に、大手外食企業の経営分析を行なうと、コロナ禍で閉店した店舗数を増店させるべく成長戦略＝出店戦略を加速させる動きが活発化しています。特に2024年度からは、採用費予算も大幅に増強されています。

こうした状況の中で、中小企業が、資本力で勝る大手外食企業と採用費で正面から勝負をすることは容易ではありません。つまり、中小企業が採用費だけに頼ることなく人材不足を解消するためには、定着力＝勤務待遇と働きがいを強化することでスタッフのモチベーションを高め、大手外食企業や競合他社に目移りしない、**働く魅力のある飲食店＝人**

図6 定着力が弱い状態

定着力を強化しない状態で採用を行なうことは
穴の空いたバケツに水を入れ続けること

が辞めない飲食店になるために、本気で取り組むことが何より重要なのです。

当社に寄せられる経営相談では、「ひと昔前までは、地域でも有名な〝人が辞めない飲食店〟だったが、昨今の働き方改革推進や労働環境改善の流れについていけず、気づいたら地域でも有名な〝離職率が高い飲食店〟になってしまっていた」という声が少なくありません。今後ますます人材獲得合戦が激化していく飲食業において、離職率が高い会社がどんどん負のスパイラルに陥っていくことは、皆さん想像に難くないかと思います。

次項からは、離職率を下げ、人が辞めない飲食店になるための具体的な取り組みについて、事例を交えながらお話ししていきます。

04 人が辞めない飲食店になるための5つのポイント

事例 都内で飲食店を5店舗経営している田中社長（仮名）

田中社長「最近、創業から一緒に頑張ってきた右腕スタッフが退職しました。それをきっかけに他の社員数名も退職してしまいました。お店を継続していく自信もなくなってしまいそうです。

今後は、人が辞めない会社にしていきたいのですが、具体的に何から手をつけていいかわかりません」

実際に田中社長にお会いすると、右腕スタッフを皮切りに相次ぐスタッフの退職で、本当に困っていらっしゃる様子でした。

三ツ井「社長、人が辞めない飲食店になるためには、どんなことを変えていくべきだと思いますか？」

田中社長「そうですね、やはり給与でしょうか？　うちは周りの企業と比べて、そんなに低い給与ではないと思いますが、離職率を下げるためにはもっと給与を上げていかないとダメかもしれませんね」

確かに、給与は大切な要素ではありますが、スタッフは給与だけが原因で退職するわけではありません。

当社では、日本全国で「離職率が低い＝人が辞めない」飲食店の取り組みを数多く分析してきました。その結果、人が辞めない飲食店には共通する特性があることがわかりました。それをもとに体系化したのが、次ページの「**人が辞めない飲食店になるための5つのポイント**」です。

図7 "人が辞めない会社"になるための5つのポイント

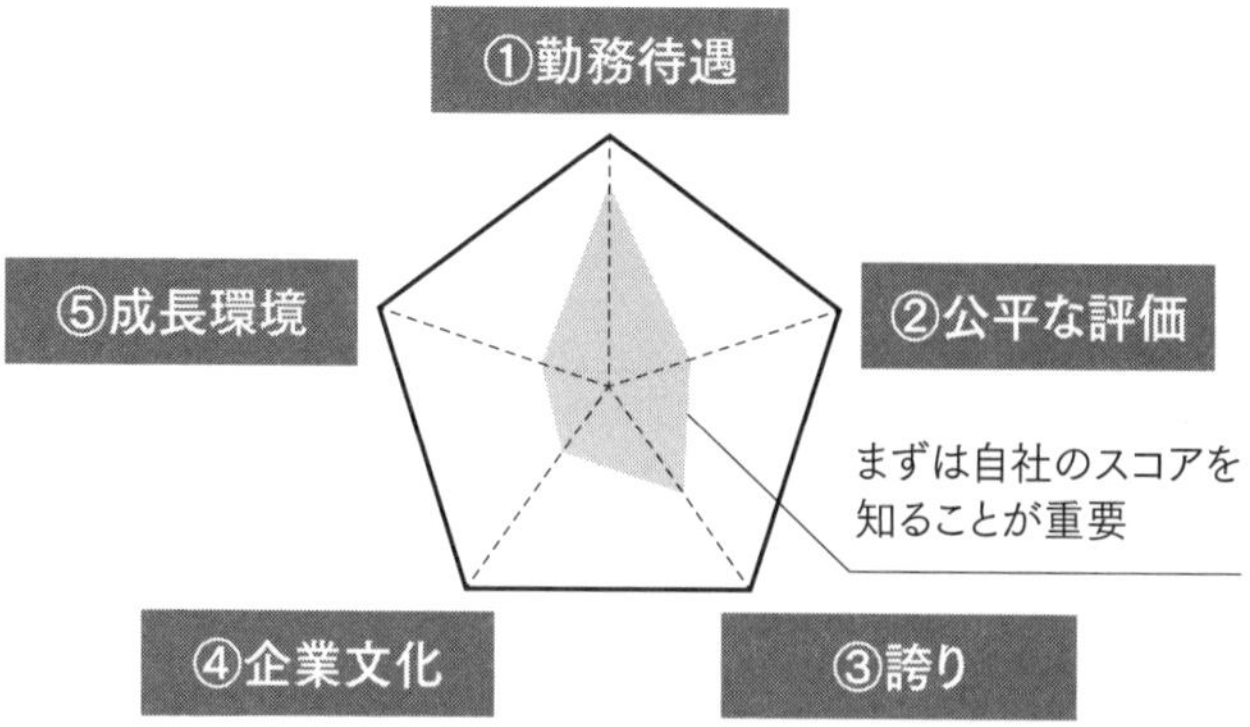

それが①**勤務待遇**、②**公平な評価**、③**誇り**、④**企業文化**、⑤**成長環境**です。

——人が辞めない会社かどうか？現状診断をしてみよう

さらにこの5つのポイントを細かく40個に細分化したのが、図8「**人が辞めない飲食店40のチェック項目**」です。

このチェック項目は、先に申し上げた日本全国の〝人が辞めない飲食店〟への調査やヒアリング等を通じて、実際に取り組んでいる内容をまとめたものです。それぞれの項目について、「4点：とてもそう思う」「3点：まあまあそう思う」「2点：少しはそう思う」「1点：そうは思わない」と

③誇り	21	本人の仕事がいかに会社の役に立っているかを伝えている	2
	22	本人の仕事がいかに世の中の役に立っているかを伝えている	2
	23	会社が定期的に新聞や雑誌、テレビ等のメディアに取り上げられている	3
	24	競合や同業者に比べて、優位性、オリジナリティの高い商品（ブランド）を取り扱っている	3
		部門達成率	62.5%
④企業文化	25	社内にパワハラ・セクハラはない	3
	26	女性スタッフが働きやすい職場環境になっている	2
	27	会社の理念が明文化されており、スタッフに理念が浸透している	2
	28	職場の仲間同士で職場以外でコミュニケーションを図る機会が定期的にある	2
	29	常にお客様のご意見に耳を傾け、ご意見を改善に役立てている会社である	3
	30	会社はコンプライアンスを遵守している	2
	31	表彰式や社員旅行、BBQなど会社が主催するスタッフ向けイベントが年に1回以上開催されている	2
	32	定期的に先輩や上司が親身になってスタッフの相談を聞く仕組みがある	2
		部門達成率	56.3%
⑤成長環境	33	業務別のマニュアル等が整備されている	2
	34	仲間や上司は業務について質問をした際に親身になって回答や指導をしてくれている	2
	35	新人スタッフに対する研修プログラムがあり、実行されている	1
	36	入社した後も役職や階層別の研修が実行されている	1
	37	スタッフが社内で新たなことにチャレンジができるようサポートしている	3
	38	会社として将来に向けた事業計画があり、スタッフにも共有されている	2
	39	長い期間働けるようキャリアビジョンが明確に打ち出されている	1
	40	役職レベルに応じた決裁権を与えている	1
		部門達成率	40.6%
		合計得点	85

図8 人が辞めない飲食店40のチェック項目

4点：とてもそう思う　3点：まあまあそう思う　2点：少しはそう思う　1点：そうは思わない

①勤務待遇	1	月に8日以上の休みがある	3
	2	月の残業時間は45時間以内である	3
	3	月に1回以上程度連休を取得することができる	3
	4	有給休暇を取得することができる	2
	5	土曜日または日曜日に休みを取りやすい環境である	3
	6	急病ややむを得ない理由のときに、お互いに助け合い、休みを取れる環境である	2
	7	賞与制度は整備されている	2
	8	同年代、同業種の友人、知人と比べて遜色ない給与が支給されている	3
		部門達成率	65.6%
②公平な評価	9	求められる仕事内容が役職別に明文化されている	2
	10	スタッフが主体的に店舗予算や店舗／個人目標を定めることができる	2
	11	人事評価は上司の気まぐれではなく、公平に実施されている	2
	12	評価制度と紐づいた給与制度があり、給与制度の内容がスタッフに公表されている	2
	13	1年に1回以上人事評価が実施されている	1
	14	1年に1回以上評価制度のフィードバック面談が行なわれている	2
	15	数値結果だけではなく、プロセス（日々の行動など）も評価する評価制度となっている	1
	16	スタッフから定期的に評価制度の改善点などをヒアリングしている（取り入れるかどうかは別として）	1
		部門達成率	40.6%
③誇り	17	若手（部下）スタッフの規範となり、憧れや将来の目標となる先輩スタッフ（上司）が社内に存在している	3
	18	社員が自信を持って家族や友人にすすめられる会社（店舗）になっている	3
	19	上司や会社がスタッフの長所を把握したうえで、長所を伸ばすためのサポートをしている	2
	20	会社には部下や仲間を褒める文化がある	2

いう基準で点数をつけていくことで、自社の弱いカテゴリーや項目が具体的にわかるようになっています。

下記のＱＲコードからダウンロードできますので、ぜひ皆さんの会社でも、診断をしてみてください。

田中社長にも、実際に「人が辞めない会社になるための40の質問」に答えていただきました。

その結果、５つの要素の合計得点は85％でした。得点に関しては、以下を参考にしてください。

ダウンロード

人が辞めない飲食店40のチェック項目シート

- **130点以上……職場改善が進んでおり、かなり人が辞めにくい企業文化がつくれているレベル。**
- **100点以上……ひと昔前であれば〝良い企業〟だが、昨今では平均的なレベル。**
- **99点以下……働くスタッフが他の企業に目移りしてしまうレベル。優先順位を設けて計画的な改善が必要。**

図9 5つの要素の合計得点

130点以上

職場改善が進んでおり、
かなり人が辞めにくい企業文化がつくれているレベル。

100点以上

ひと昔前であれば“良い企業”だが、昨今では平均的なレベル。

99点以下

働くスタッフが他の企業に目移りしてしまうレベル。
優先順位を設けて計画的な改善が必要。

[田中社長の会社の点数]

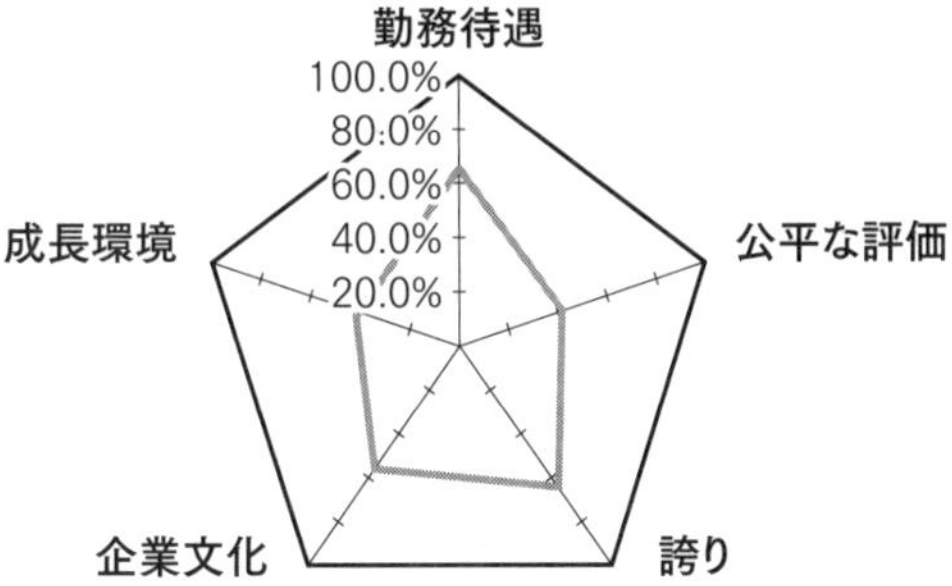

項目	得点	達成率
勤務待遇	21	65.6%
公平な評価	13	40.6%
誇り	20	62.5%
企業文化	18	56.3%
成長環境	13	40.6%
合計	85	53.1%

田中社長の会社は、特に②公平な評価と⑤成長環境のスコアが13点（達成率40・6％）と低いことがわかります。

三ツ井「田中社長の会社は、公平な評価と成長環境のスコアが低いようですが、何か思い当たることはありますか？」

田中社長「一応、私なりにメンバーの頑張り等を加味して評価しているつもりですが、評価制度のようなものはありません。人材育成は店長に任せっきりで、ちゃんと教育ができているかどうかもわからない状態です。

事業計画や出店計画等も特になく、働いている彼らの身になって考えると、将来のキャリアビジョンが見えないので、長く働くのに不安は確かにあると思います」

人が辞めない飲食店になるためには、まずは自社の現状を知り、どこに問題があるかを明確にすることから始めなくてはなりません。皆さんの会社でも、ぜひ現状診断をやってみてください。

田中社長の会社も今回のチェックで問題点が明確になったため、今後は1つずつ改善し

図10 自社のチェックを終えてみて……

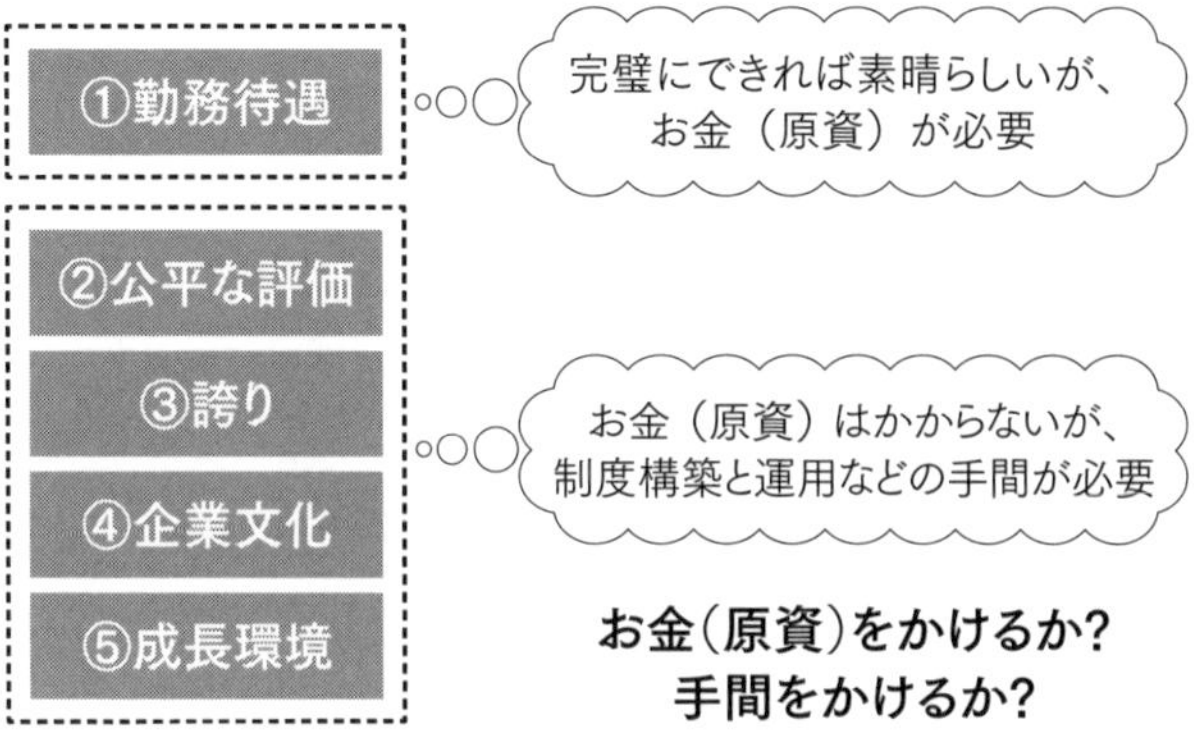
①勤務待遇
完璧にできれば素晴らしいが、
お金（原資）が必要
②公平な評価
③誇り
④企業文化
⑤成長環境
お金（原資）はかからないが、
制度構築と運用などの手間が必要
お金（原資）をかけるか？
手間をかけるか？

ていくことになりました。

①勤務待遇の項目に関しては、完璧にできれば、当然、それに越したことはありませんが、勤務待遇の改善には原資（直接コスト）が必要です。

一方で、②公平な評価、③誇り、④企業文化、⑤成長環境の項目を充実させていくには、直接的なお金（原資）はかかりませんが、制度構築と運用などの手間（間接コスト）がかかります。

つまり、**給与水準をはじめとした勤務待遇を原資（直接コスト）をかけて充実させるのか、働きがい（公平な評価、誇り、企業文化、成長環境）を手間（間接コスト）をかけて構築していくかの**いずれかを選択（もちろん両方できればよいですが）しなくてはなりません。

私はこれら②～⑤を改善していくうえで、最も重要であり不可欠な仕組みが「評価制度」であると考えています。

②公平な評価についてはその名の通りですが、③誇りにおいても、評価制度を通じて、今まで曖昧であった各役職における役割や期待像を明確にし、仕事に対する達成感を高めていくことでスコアを大幅に高めることが可能です。

④企業文化については、経営理念を鑑みたうえで、会社として求める人物像を行動指針として（ハラスメント基準も含む）明確に定義し、それら行動指針の遵守度を評価項目に盛り込んでいきます。さらに上司に対しては、部下スタッフとの定期面談等のマネジメント力に関する評価項目を定め、これらを指導、評価していくことでスコアを高めることができます。

⑤成長環境については、業務別マニュアルや研修プログラムと連動した役職別能力評価項目の設定や、キャリアビジョンの構築等によりスコアを高めることが可能になります。

つまり、**正しい評価制度の構築と適切な評価制度の運用により、「人が辞めない飲食店40のチェック項目」のスコアは大幅に高めることが可能**なのです。

田中社長の会社でも、「人が辞めない飲食店40のチェック項目」のスコア、すなわち定着率を高めるべく、評価制度を構築していくこととなりました。

一方で、田中社長の会社は、以前に評価制度の導入をしようとして失敗した経験があり、改めて評価制度を導入することには少し心配があるようでした。

評価制度の導入で失敗する企業には、それなりの理由があります。あらかじめ失敗理由をクリアできる制度を構築すれば、大丈夫です。次章から、詳しくお伝えしていきます。

第2章

飲食店の評価制度を成功させる経営の仕組みづくり

01 評価制度で失敗する企業に共通する3つの理由

当社では、「以前に評価制度の導入にチャレンジしたが、うまくいかなかった」というご相談をよくいただきます。飲食企業からこうした数多くのご相談を受けているうちに、評価制度の導入に失敗してしまう飲食企業には3つの共通点があることがわかりました。

①制度が複雑すぎて運用できない

評価制度の導入を検討される社長の多くは自社の経営に対して熱心で、さらにはスタッフのことも考える「スタッフ愛」のある方が多いようです。そもそも、スタッフのことを大切に考えていない社長は評価制度の導入など興味がありません。

一方で、スタッフ愛のある社長ほど、「精度の高い完璧な評価制度をつくりたい」という想いが強すぎるがあまり、制度が複雑化する傾向があります。社長のこだわりを入れた評価制度を構築するのは決して悪いことではありませんが、あまり精度を高めようとしすぎると評価制度が複雑化しすぎて運用できないという事態に陥る危険性が高まります。

実際にいくつかの会社では、結局運用されずに、社長のデスクの片隅でほこりをかぶっている分厚い評価制度資料を目にしてきました。当たり前ですが、評価制度は構築して終わりではありません。「運用できる評価制度」を構築することが評価制度構築で成功する秘訣なのです。

②自社オリジナルの制度になっていない

評価制度導入で期待される大きな目的や効果に「スタッフのモチベーションアップ」があります。評価制度を導入することで、頑張っているスタッフを公平に評価することが可能になります。

さらに、その会社で上位役職者になるために求められる能力を明確化し、それらの指導や評価を通じて個々の成長実現をサポートすることで、仕事に対するやりがいと達成感が増し、スタッフのモチベーションが高まるのです。

本来、スタッフのために導入を決意したはずの評価制度も、構築や運用の仕方を間違えると、逆にスタッフのモチベーションを下げてしまうことにもなりかねません。

まれにコンサルタント会社等が汎用的にパッケージされた制度を導入する場合がありますが、こうした評価制度ではうまく機能しない可能性が高いでしょう。理由は、業種やその会社の特性、さらに言うと部署、担当の仕事の特性を評価制度に盛り込んでいないため、現場スタッフからの納得が得られず、導入後には逆に不満が続出してしまうからです。

これでは、せっかくスタッフのモチベーションを高めようと思い、導入した評価制度も逆効果になってしまいます。評価制度を構築する際には、最初に社内の事業部、部門、担当ごとの仕事の棚卸をしたうえで、個人の職務特性を盛り込んだ評価制度を構築することが重要です。

③社内の取り組みが多く、複雑化している

先ほどお話しした通り、評価制度の導入を検討する社長はスタッフ愛のある真面目な方が多い傾向にあります。勉強熱心で、さまざまなセミナーや書籍で学んでおり、多くの経営知識をお持ちです。

もちろん、経営知識をたくさん持っていることは素晴らしいことなのですが、一方で

図11 複雑化した社内の取り組み

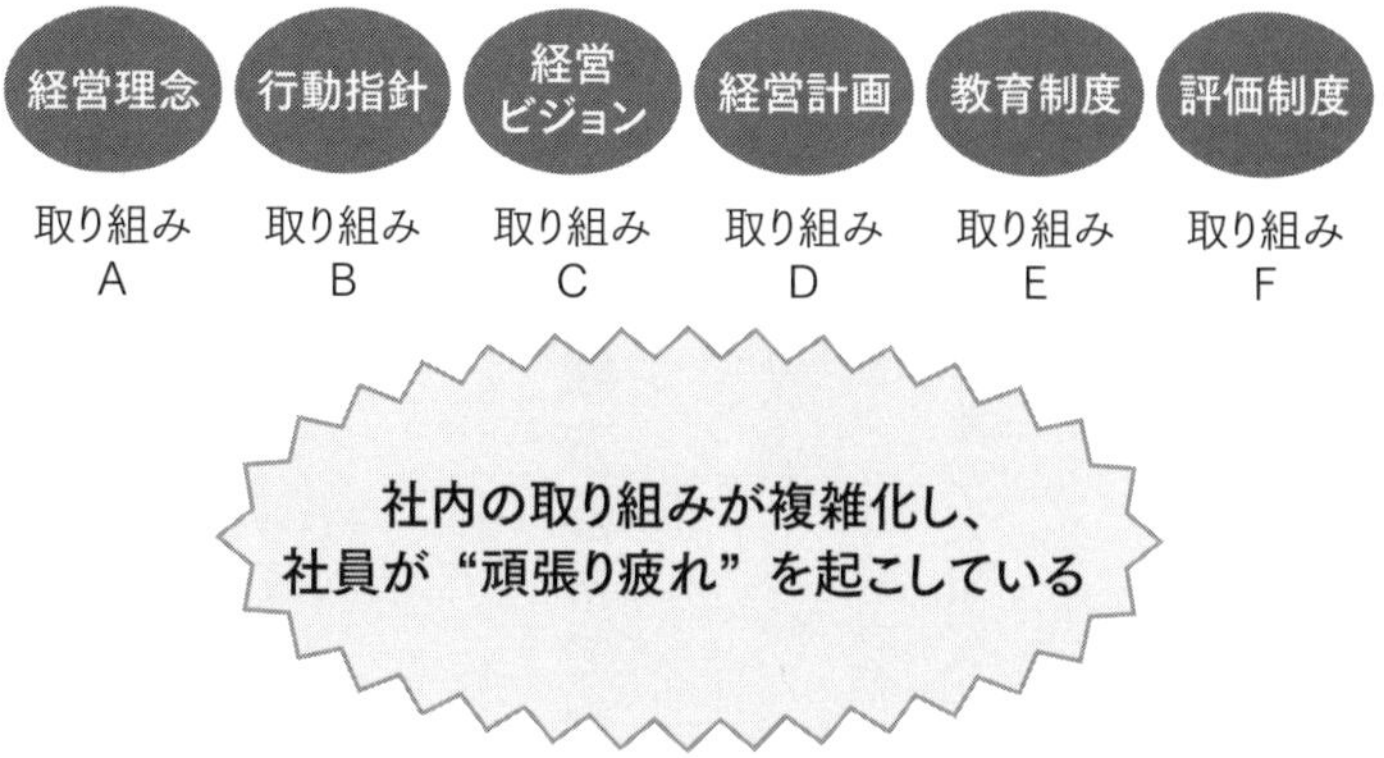

「経営理念はあの会社のようにコレを！」「経営計画はあのセミナーで勉強したあの形で！」「教育制度はあの会社を参考にして！」「評価制度は書籍で読んだアレを！」といったように、さまざまな要素を取り込もうとして会社の取り組みが複雑化しているケースが多いようです。

このように会社の取り組みが複雑化すると、社員や組織全体が〝頑張り疲れ〟を起こしてしまいます。

02

複雑な人事評価をシンプルに理解する

事例　地方都市で大型和食店などを経営している佐々木社長

ここからは、より実践していただきやすいように、私が実際にアドバイスした事例をもとに説明していきます（守秘義務のため、数字や名称などはアレンジしています）。

地方都市で郊外立地の大型の和食店2店舗と、繁華街の居酒屋業態を3店舗、仕出し業態を1店舗経営している佐々木社長よりご相談をいただきました。郊外の大型和食店の年商は1・2億円と1億円、繁華街の居酒屋は年商9000万円、仕出し事業は年商1億円、合計で年商約4・1億円の飲食企業です。

佐々木社長「自社でもそろそろ評価制度を構築していきたいと思い、インターネットで『評価制度のつくり方』と検索したのですが、たくさんのサイトがあり、それぞれ考え方も異なり、何が正しい情報かよくわからなくなってしまいました。

また、資料等をダウンロードしたのですが、それからというもの、さまざまな会社から営業電話がかかってくるようになり、結局、評価制度の導入をやめてしまいました」

皆さんも、こうした経験が少なからずあるのではないでしょうか？　評価制度と一言でいっても、世の中にはさまざまな考え方の評価制度が存在します。さらに業種や、実際に働くスタッフの業務特性によってもマッチする評価制度は異なります。

本書では、できる限り現場のスタッフの方々の意見を取り入れながら構築していく方法をお伝えしていきます。なぜなら、そうでないとスタッフの納得を得られないからです。

佐々木社長「三ツ井さん、現場の意見を聞きながら評価制度をつくっていったら、どんどん給与が高くなっていってしまうのではないですか？　うちの会社の規模では、そんなに高い給与は支払えないので、現場のスタッフの意見は聞かずに、会社側で評価制度を構築しないと大変なことになると思います」

三ツ井「ご不安はわかりますが、現場の方の意見を取り入れずに評価制度を構築すると、納得してもらえず、導入してから不満が続出する可能性が高くなりますよ。

人事評価は大きく分けて、①等級制度、②評価制度、③報酬制度と3つの要素で構成されています。社長がおっしゃった給与は③の『報酬制度』のことで、私がスタッフの意見を交えて一緒につくっていこうと申し上げたのは②の『評価制度』の部分なのです」

次ページが、人事評価の全体像です。これから順番にご説明していきます。

——人事評価の3つの要素

ここで、人事評価を構成する要素に関して、改めて整理していきましょう。

人事評価は、**①等級制度**、**②評価制度**、**③報酬制度**の3つの要素で構成されています。

図12 人事評価の全体像

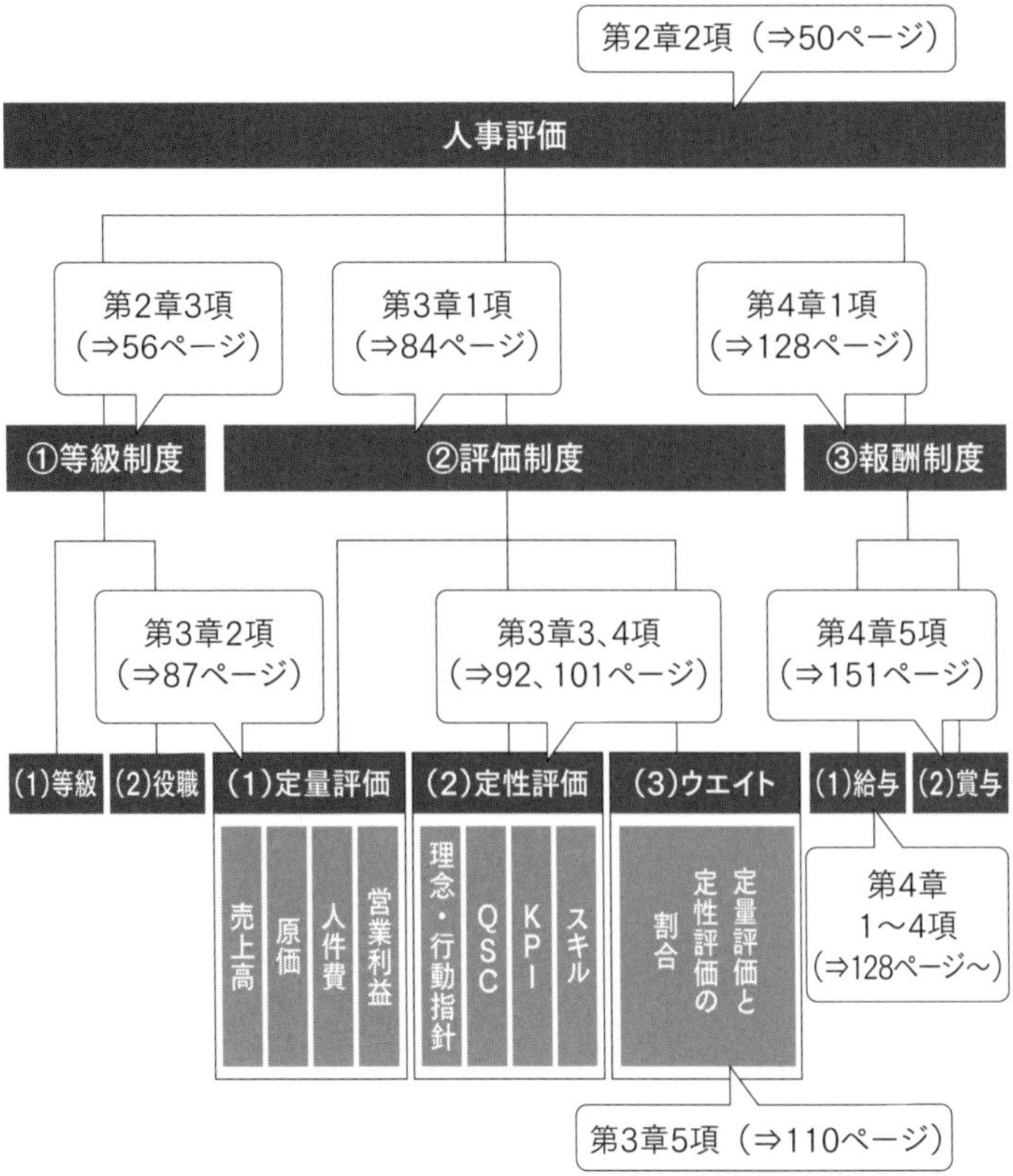

人事評価がよく理解できないという方の多くは、まずこの3つがごっちゃになってしまっているケースが多いようです。

①等級制度

働くスタッフの役割や職務内容、能力などの基準をもとに、スタッフのランクを決定し、そのランクを見える化する制度です。

②評価制度

会社が求める目標や個人目標に対して、達成度を数値化し公平に評価することで、モチベーションや成長意欲を高める制度です。

③報酬制度

①等級制度や②評価制度をもとに、スタッフの給与や賞与、インセティブの支給内容を決定する制度です。

この3つに関しては、深く掘り下げていくとさまざまな考え方が存在しますが、ここではあえてわかりやすく簡易的に解説しました。まずは、この程度の理解で問題ありません。

佐々木社長**「それでしたら、評価制度の部分に関しては、ぜひスタッフの意見を取り入れながらつくっていきたいです」**

こうして佐々木社長の会社の評価制度構築に関して、当社でお手伝いをさせていただくことになりました。次項からは、実際に佐々木社長の会社で評価制度を構築していった事例をもとに、時系列で詳しくお伝えしていきます。

03 飲食企業にマッチする等級制度とは？

人事評価は①等級制度、②評価制度、③報酬制度の3つの要素から成り立っているということは前項でお話ししました。ここでは、その中の**①等級制度**について解説をしていきます。

働くスタッフの役割や職務内容、能力などの基準をもとに、スタッフのランクを決定し、そのランクを見える化するのが等級制度です。飲食企業で等級制度を構築していく場合には、**等級と役職をセットにして考える**とわかりやすいかと思います。

等級とは、スタッフをランク付けするためのものです。人事評価を運用するためのものであり、対外的に使用されることはありません。同じ等級でも、違った役職である場合もあります。

図13 等級と役職の違い

等級	役職
＝	＝
ランク	呼び名
＝	＝
名刺に記載されない社内の地位	名刺に記載される社内の地位

一言でわかりやすく表現すると、等級とは「**名刺には記載されない社内での地位**」となります。

一方、役職とは一般・主任・リーダー・店長・マネージャーなどの「**呼び名**」を指します。これらはあくまで対外的な「呼び名」であるため、必ずしもスタッフの能力を表しているわけではありません。つまり役職とは「名刺に記載される社内での地位」と考えるとわかりやすいかと思います。

三ツ井「それでは、実際に佐々木社長の会社の等級と役職を考えみましょう。佐々木社長の会社にはどんな部署があり、それぞれの部署にどんな役職の方がいますか？」

佐々木社長「和食店と居酒屋は飲食事業部としてまとめておりまして、大きく分けるとホールとキッチンの担当があり、その中に一般、主任、副店長／副料理長、店長

／料理長、飲食事業部長がいます。

仕出し事業部は調理と配送スタッフがおり、一般、主任、その上は飲食事業と違って店長、料理長という役職はなく、職人上がりの古株メンバーが仕出し事業部長をしています。

本社は、一般スタッフ、あとは代表の私と専務である私の妻と、総務部長の3人で経理や総務などを見ています」

三ツ井「かしこまりました。ちなみに、今まで佐々木社長の会社では特に等級制度などを構築したことはないということでしたが、会社の全部門の役職を序列としてまとめると、どんなイメージになりますでしょうか?」


そうして佐々木社長の会社の役職を整理したのが、61ページの上図となります。

三ツ井「今までこのような役職を設けられていて、不具合はありませんでしたか?」
佐々木社長「私としては特に不具合は感じていませんでした。社員はどう思っているかわかりません。実は、以前から社員たちがうちの会社についてどう思っているか気にはなっていました」

三ツ井「もしよろしければ、各部門のスタッフに現状の働きがい等に関する『職場アンケート』を実施してみてもよろしいでしょうか?」

こうしたスタッフへのアンケートは、経営者としては耳の痛いもので、なかなか実施する社長は少ないのですが、今回、佐々木社長は自社の現状をしっかりと認識したいということで、全スタッフに職場アンケートを行ないました。

その結果、飲食事業部からは「休みが取りづらい」「人手が足りない」「会社の将来の方向性が見えない」などの項目にチェックが多くつきました。仕出し事業部と本社部門では「自分が社内でステップアップしていく方法がわからない」「自身の将来ビジョンが描けない」といった項目にチェックが多くつきました。

そこで、アンケートに答えてくださった飲食部門のスタッフ数名と実際に面談してみると、「店長、料理長の後のキャリアが見えない」「会社の将来の出店計画等がわからない」という意見もあがりました。

また、仕出し事業部と本社部門の方とも面談すると、一般、主任の次の役職が部長職となっており、当分部長のポジションが空くことはないと考えると、自身の社内での昇格、昇給を含めたキャリアビジョンが全く見えない不安が大きいという意見がありました。

この結果を佐々木社長にお伝えすると、

佐々木社長「会社の未来や、スタッフの将来に関しては、私なりに考えているつもりでしたが、確かにそう言われると、そうした想いを具合的に見せられていなかったかもしれません」

とのことでした。そこで、佐々木社長とも打ち合わせを重ね、次のような等級・役職を新設しました。

まずは役職の「一般」を1等級とし、そこから2等級、3等級といった等級を設定しました。さらには、スタッフの職場アンケートでも指摘があった「主任以降のキャリアが見えない」という不安を払拭するべく、仕出し事業部の調理担当には3等級に「副料理長」、4等級に「料理長」を新設、仕出し事業部の配送担当と本社総務・経理部門にはおいては

図14 役職表の改善例

以前の役職表

事業部	担当	役職					
飲食事業部（和食、居酒屋）	ホール	一般	主任	副店長	店長	部長	取締役（社長、専務）
	キッチン	一般	主任	副料理長	料理長		
仕出し事業部	調理	一般	主任	－	－	部長	
	配送	一般	主任	－	－		
本社	総務・経理	一般	－	－	－	部長	

新しい役職表

事業部	担当		1等級	2等級	3等級	4等級	5等級	6等級	
飲食事業部（和食、居酒屋）	ホール	役職	一般	主任	副店長	店長	部長	執行役員	取締役（社長、専務）
	キッチン		一般	主任	副料理長	料理長			
仕出し事業部	調理		一般	主任	副料理長	料理長	部長		
	配送		一般	主任	副リーダー	リーダー			
本社	総務・経理		一般	主任	副リーダー	リーダー	部長		

3等級に「副リーダー」、4等級に「リーダー」という役職を新設しました。

そして、今までは社員の役職においては「部長」が最上位役職でしたが、部長の上に「執行役員」という役職を設定することにしました。

部長の次に「取締役」という役職を設定する場合もありますが、取締役は会社法で定められた役職であり、報酬は役員報酬となるため、基本的に期中の報酬変更ができません。

こうしたことから、給与や賞与に関して従業員と同じく流動的に設定できる「執行役員」の役職導入を検討する飲食企業が増えてきているのです。

04 社長が最初にやるべきことは、会社の方向性を示すこと

社長がいくら心の中で会社の未来やスタッフの将来のことを思い描いていても、それが伝わっていなければ、スタッフの将来に対する不安を払拭することはできません。

佐々木社長「三ツ井さん、評価制度の構築に向けて、まず何から取り組んでいけばいいですか?」

三ツ井「佐々木社長の会社は経営理念や経営ビジョン、経営計画はありますか?」

佐々木社長「経営理念については『お客様に喜んでもらう』といったシンプルな目標のようなものは伝えていますが、きちんとしたものは、これまでつくってきませんでした。ただ、今は評価制度の構築が急務だと思っています。経営理念などは評価制度を構築した後で取り組んでいきたいと思います」

三ツ井「いや、佐々木社長、それは順番が逆ですよ。まずは経営理念、経営ビジョン、経営計画を策定しないと評価制度はうまく機能しません。佐々木社長は評価制度を構築する目的は何だとお考えですか?」

佐々木社長「それはやはり、働くスタッフに仕事のやりがいを感じてもらうためですね」

三ツ井「スタッフがやりがいを持って働くと、お店はどうなりますか?」

佐々木社長「スタッフがやりがいを持って元気に楽しそうに働いてくれれば当然、お客様にも喜んでもらえると思います」

三ツ井「『お客様に喜んでもらえる』というのは、佐々木社長が掲げている理念に通じますよね? さらに、お客様満足度が高まることでお店が繁盛する。そう考えると、評価制度は、実は経営理念や経営ビジョン、経営計画の実現と密接に結びついているのです」

――目標達成を確実にするための経営の羅針盤＝経営理念

私はよく、経営理念、経営ビジョン、経営計画、評価制度の連動の重要性を伝える際に会社やお店を船、社長を船長、スタッフを船員にたとえると、**経営理念は「羅針盤」**であり、**経営ビジョンは「目的地」**です。経営理念＝羅針盤は、自分たちの向いている方向性や考え方が間違っていないか、何のために一緒の船に乗っているのかを定め、確認することができます。

前述した通り、経営理念自体は抽象的な内容になる場合も多いので、経営理念を体現するための具体的な行動を定めたものを行動指針として設定します。

経営ビジョンはこの船で目指すべき目的地であり、一般的には「数年後にはこうなっていたい」という目標等を設定します。経営ビジョンは経営計画や年度計画に落とし込むことで、目標達成を確実にしていきます。

そして評価制度とは、経営理念を具現化した行動指針や経営ビジョン（経営計画）達成に向けて必要となる行動（プロセス）や結果（数値成果）を評価するためのものです。そして、評価制度と連動した教育制度を構築することで、経営理念や経営ビジョン実現に向けて力を発揮してくれるスタッフを育成する仕組みを構築することができるのです。

図15 経営理念は航海の羅針盤

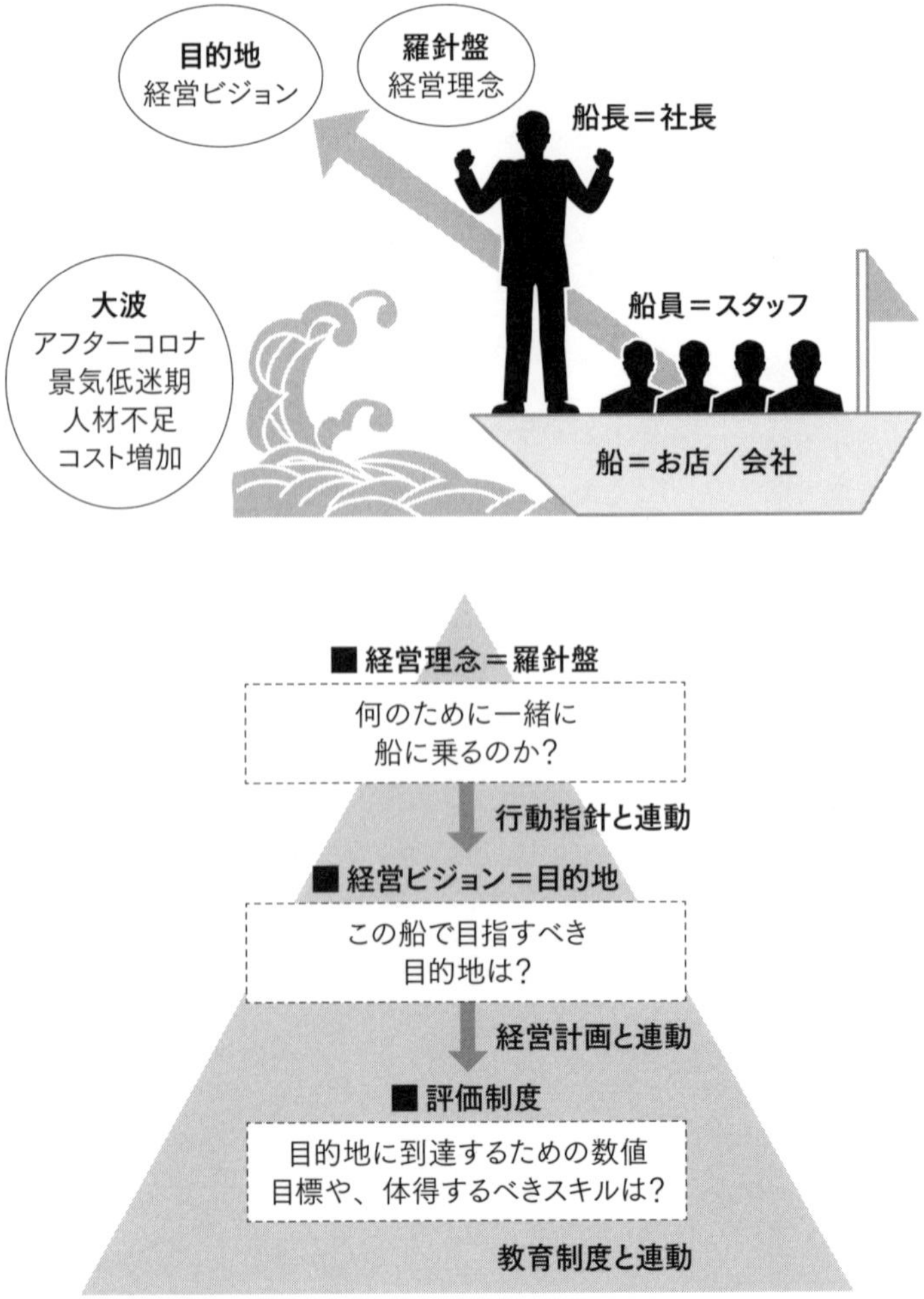

目的地
経営ビジョン
羅針盤
経営理念
船長＝社長
大波
アフターコロナ
景気低迷期
人材不足
コスト増加
船員＝スタッフ
船＝お店／会社
■経営理念＝羅針盤
何のために一緒に
船に乗るのか？
行動指針と連動
■経営ビジョン＝目的地
この船で目指すべき
目的地は？
経営計画と連動
■評価制度
目的地に到達するための数値
目標や、体得するべきスキルは？
教育制度と連動

佐々木社長「確かに、三ツ井さんがおっしゃる通り、経営理念、経営ビジョン、経営計画の策定を先にやらないと、本当の意味での評価制度にはならなそうですね」

経営理念、経営ビジョン、経営計画と連動した評価制度を構築することで、各スタッフが経営理念の体現、経営ビジョン、経営計画の達成に向けて行なうべき役割や具体的行動が明確になます。その結果として、経営理念の浸透、経営ビジョン、経営計画の達成確立が高まるのです。

05 経営理念・行動指針のつくり方

評価制度構築の前に経営理念・行動指針・経営ビジョン・経営計画を作成していくこととなった佐々木社長の会社。佐々木社長は既に「お客様に喜んでもらう」という信念を掲げていましたが、この信念をベースにもう少し理念を考えていくことになりました。

佐々木社長「経営理念は、他社はどうやって決めているのでしょうか？」
三ツ井「経営理念に関しては、こうやって決めないといけないというルールはないのですが、参考となる考え方をご紹介します」

経営理念の策定に関しては、いくつかアプローチ方法があります。

●他社の経営理念を参考にする

経営理念を考える際には、他社の経営理念を参考にするとよいでしょう。

例えば飲食業であれば、

「食の感動で、この星を満たせ。」 ——株式会社トリドールホールディングス

「永遠の理念『うぬぼれ』

焼鳥屋で世の中を明るくしていきたい、という『うぬぼれ』を永遠に持ち続けます。」

——株式会社鳥貴族ホールディングス

「おいしさと笑顔を地域の皆さまに」 ——日本マクドナルド株式会社

これらを見ていただくとわかるように、その企業の業態や特徴を盛り込んだ経営理念となっています。

なお、参考にする経営理念は外食企業に限らず、異業種で尊敬している経営者の経営理念を参考にする方もいらっしゃいます。

「全従業員の物心両面の幸福を追求すると同時に、人類、社会の進歩発展に貢献すること」――京セラ株式会社

「服を変え、常識を変え、世界を変えていく」――株式会社ファーストリテイリング

このように他社の経営理念を参考にすることで、自社の経営理念を考えるヒントを得ることができます。

当社の支援先で焼肉店を1店舗経営している社長は、京セラ創業者の稲盛和夫さんの大ファンであったため、「豊かな食文化の提供」と「全従業員の物心両面の幸福を追求する」という京セラの理念を盛り込んだ経営理念をつくりました。

●自分の想いを整理する

次に紹介するのは、自分自身の想いを整理することで経営理念を策定していく方法です。この方法では、「**経営理念策定フレームワーク**」を活用すると理念の策定がしやすくなります。

佐々木社長の会社では、私がファシリテート（会議の進行役）を務め、幹部スタッフを交えてこの経営理念策定フレームワークを実際にやってみました。

①想い

まず、「このお店を通じて成し遂げたいこと」を記載していきます。
実際には、佐々木社長や幹部スタッフの皆さんから、こんな意見があがりました。

「来店されたお客様（仕出しも含む）が元気になって帰っていくようなお店にしたい」
「家族でも立ち寄れるフレンドリーなお店にしたい」
「働くスタッフや職人さんが誇りや働きがいを感じられる会社にしたい」

②未来

10年後、具体的にどのような企業になっていたいかを記入していきます。なお、「なぜ10年なのか？」と質問されることがありますが、確かに長く事業を行なううえでは、事業フェーズの変化により経営理念を変更することもあります。ただ、2年、3年、5年といった中期的視点だと、経営理念というよりは経営ビジョンに近くなってしまう傾向があるため、「10年後」という未来の視点で考えてみるのがポイントです。

ここではこんな意見があがりました。

「和食、居酒屋以外の業種にもチャレンジする企業になっていたい」

「社員独立制度を整備し、社員のグループ内独立を支援する企業になっていたい」

③社会的意義

①②で考えた内容に「社会的意義」という項目を付け加えて考えます。なお、社会的意義に関しては、必ずしも経営理念の文面に盛り込む必要はなく、経営理念を説明するうえでの背景として設定するという考え方もあります。

社会的意義については、次のような意見があがりました。

「地域の他の業種のお店とも連携し、地域を盛り上げていける企業になりたい」

「食育イベント等を通じて、子どもたちに和食の素晴らしさを伝えていきたい」

④経営理念の案

①~③を踏まえて経営理念を具体的に記載していきます。ここでは①~③の内容をすべて盛り込もうとするのではなく、①~③の内容をヒントにしながら文章を考えていきます。

佐々木社長の会社では、私のファシリテーションのもと、皆でさまざまな案を出し合い、皆で話し合い、何度も何度も修正を重ねた結果、次のような経営理念になりました。

「食を通じて豊かな時間を創造し、地域とスタッフの未来を創る」

「食を通じて」という言葉には、既存の外食や仕出し事業、今後出店していきたい新業態への想いを込めました。

「豊かな時間」という言葉には、丁寧に調理した料理や、フレンドリーな接客、お客様が元気になるお店という想いを込めました。

最後の「地域とスタッフの未来」という言葉には、食育イベントを通じた地元の子どもたちとの交流や、地域企業との連携、スタッフの未来の独立支援等の想いを込めました。

なお、理念の中で「創造」「未来を創る」など、「作る」ではなく、あえて「創る」という文字を多用した理由は、会社が大切にしている職人さんや、スタッフの創意工夫で創り上げるという想いが込められています。

佐々木社長**「想いを語り合い、皆の想いが詰まった理念をつくることができました」**

図16 経営理念策定フレームワーク

視点	内容	記入欄
①想い	自分がこの事業（お店）を通じて成し遂げたいこと	●お店に来られたお客様が元気になって帰っていく ●家族でも立ち寄れる ●働くスタッフがやりがいや生きがいを感じる
②未来	10年後にどのような企業になっていたいか	●和食、居酒屋以外の業種にもチャレンジする企業 ●社員独立制度を整備し、社員のグループ内独立を支援する企業
③社会的意義	①②に社会的意義をプラスして考える	●地域の他の業種のお店とも連携し、地域を盛り上げていける企業になりたい

①〜③を踏まえた経営理念の案
食を通じて豊かな時間を創造し、 地域とスタッフの未来を創る

三ツ井「皆で自社の理念について語り合えたことは、よかったですね。ただ、経営理念はつくるよりも定着させるほうが重要で難しいので、これからしっかりと定着させていきましょう！」

経営理念を実現するための行動指針をつくる

なお、経営理念については評価制度に盛り込もうとすると、どうしても抽象的な評価になってしまうので、「**経営理念を実現するために必要となる日々の行動**」という視点で、経営理念と連動した行動指針を策定することをおすすめしています。

佐々木社長の会社では、今回定めた経営理念を実現するための行動指針として、次の5つを設定しました。

【経営理念】

食を通じて豊かな時間を創造し、地域とスタッフの未来を創る

【行動指針】

1. いつも機嫌よく笑顔でお客様と仲間に挨拶をする
2. プロである誇りを持ち、常に清潔感のある身だしなみを意識し実行する
3. お客様に感動していただくための技術を磨く勉強をし続ける
4. 自ら目標を設定し、目標達成に向けた努力をする
5. 仲間や部下に対して、常に理念で語る癖を身につける

06 A4サイズたった1枚でつくれる経営計画書

経営理念と行動指針を定めた佐々木社長、次は経営計画書に取り組んでいきます。

佐々木社長「経営計画書について事前に勉強しておこうと思い、書籍を購入したのですが、私にはちょっと複雑すぎて、あまりよくわかりませんでした。うちくらいの規模の会社では経営計画書は必要ないのではないでしょうか？」

三ツ井「この前もお話ししましたが、経営者として、経営計画を通じて自社の進むべき道や未来像をスタッフに伝えることは大切なことです。スタッフは誰しも自分が将来どうなるかわからない会社で働くことは不安なのです。

それに、経営計画書といっても、何も複雑で分厚いものをつくる必要はありません。私がおすすめしているのは、A4サイズ1枚でつくれる経営計画書です。ぜひ、一緒につくってみましょう」

図17が、私が推奨しているA4サイズ1枚の経営計画書です。以下、書き方について詳しく見ていきましょう。

①経営理念

佐々木社長の会社では、今回策定した「食を通じて豊かな時間を創造し、地域とスタッフの未来を創る」を記入しました。

②経営ビジョン

経営ビジョンとは、具体的に数年後に「こうなっていたい」と考える目標です。佐々木社長の会社では、「4年後に、社員独立を含めて10店舗の企業グループにする」という経営ビジョンを設定しました。

③数値計画

経営ビジョンをより具体化した数値目標を定めていきます。売上、店舗数、必要出店資金、営業利益、社員採用計画、社員数などを出店計画とともに具体的に落とし込んでいきます。

なお、営業利益に関しては、今期は営業利益率2％程度を目標とし、来期からは5％、7％、10％と段階的に利益率を高めていく計画にしました。

④アクションプラン

経営課題や課題解決に向けたアクションプランに関しては、自社の課題を三大経営資源である「人の課題」「物の課題」「金の課題」に切り分けると、より考えやすくなると思います。

もっと詳細な経営計画書を作成したい場合でも、まずはA4サイズ1枚でまとめをつくったうえで、各項目に関してさらに詳しく記入していくことをおすすめします。

ダウンロード

経営計画
策定シート

④アクションプラン

「人」の課題	
1	会社の良さが求職者に伝わっていない
2	お店のQSCレベルが低下している
3	店舗によってアルバイトのレベルにバラつきがある
4	社員の定着率が低い
5	SNSを運用できていない店舗が多い

「人」の課題の解決策	
1	採用ホームページの作成
2	お客様アンケートとQSCチェックの徹底
3	アルバイトスタッフの教育プログラムの確立
4	労務環境の改善と評価制度の構築
5	SNS運用担当者の任命

「物」の課題	
1	今後同じ商圏で店舗展開すると自社競合となる可能性がある
2	各店の季節商品が計画通りリリースできていない
3	お客様の来店動機となる商品が少ない
4	手作り商品が多く、仕込の負荷が大きい
5	店舗什器の劣化が進んでいる

「物」の課題の解決策	
1	既存の居酒屋業態以外の業態開発
2	季節商品の本部主導による年間計画の確立
3	モデル店視察による名物商品のブラッシュアップ
4	本店をミニセントラルキッチンとして活用
5	社長の臨店チェックによる修繕優先順位の決定

「金」の課題	
1	業務改善による利益率向上
2	出店の意思決定が感覚に頼っている
3	各店のシフトに無駄が発生している
4	店舗によって原価率にバラつきがある
5	各店の集客を店長力に頼っている

「金」の課題の解決策	
1	各店の損益を日々管理する日次決算の導入
2	出店時のROIシミュレーションの徹底
3	店舗別モデルシフトの構築と徹底
4	理論原価算出とロス対策の実施
5	WEB販促等、最新の集客施策の実施

図17 経営計画策定シート

経営計画策定シート

記入日	2023年●月●日

社名	株式会社●●●●●	記入者	代表取締役●●●●●

①経営理念

食を通じて豊かな時間を創造し、地域とスタッフの未来を創る

②経営ビジョン

2026年までに社員独立を含めて10店舗の企業グループにする

③数値計画

	現状	2024年	2025年	2026年
売上高	3.1億円	4.6億円	6.2億円	7.8億円

	現状	2024年	2025年	2026年
営業利益	620万円	2,340万円	4,360万円	7,800万円

	現状	2024年	2025年	2026年
店舗数	4	6	8	10

	現状	2024年	2025年	2026年
社員採用計画	2	6	6	6

	現状	2024年	2025年	2026年
必要出店資金	0	6,000万円	6,000万円	6,000万円

	現状	2024年	2025年	2026年
社員数	12	18	24	33

なお、「A4サイズたった1枚でつくれる経営計画書」については、私のYouTubeチャンネルでも詳しく解説していますので、ぜひ一度ご覧ください。

動画

三ツ井創太郎
YouTubeチャンネル
「A4用紙1枚でまとめる！ 飲食店の経営計画書」

第3章

人が辞めない飲食店の評価制度のつくり方

01 評価制度は実はたった3つの要素でできている

人事評価は、①等級制度、②評価制度、③報酬制度の3つの要素からできているとお伝えしましたが、本章では**②評価制度**について解説していきます。

評価制度を簡潔に説明すると、会社が求める目標や個人目標に対して、達成度を数値化して公平に評価することで、**スタッフのモチベーションを高めるための制度**です。

三ツ井「これから、いよいよ評価制度の中身を構築していきます」

佐々木社長「はい。ただ評価制度はいろいろと複雑な部分が多そうなので、しっかり構築してけるか不安な部分もあります」

三ツ井「佐々木社長、大丈夫です。評価制度も実は分解するとたった3つの要素で成り立っています。このポイントさえ押さえれば決して難しくありません」

図18 評価制度とは

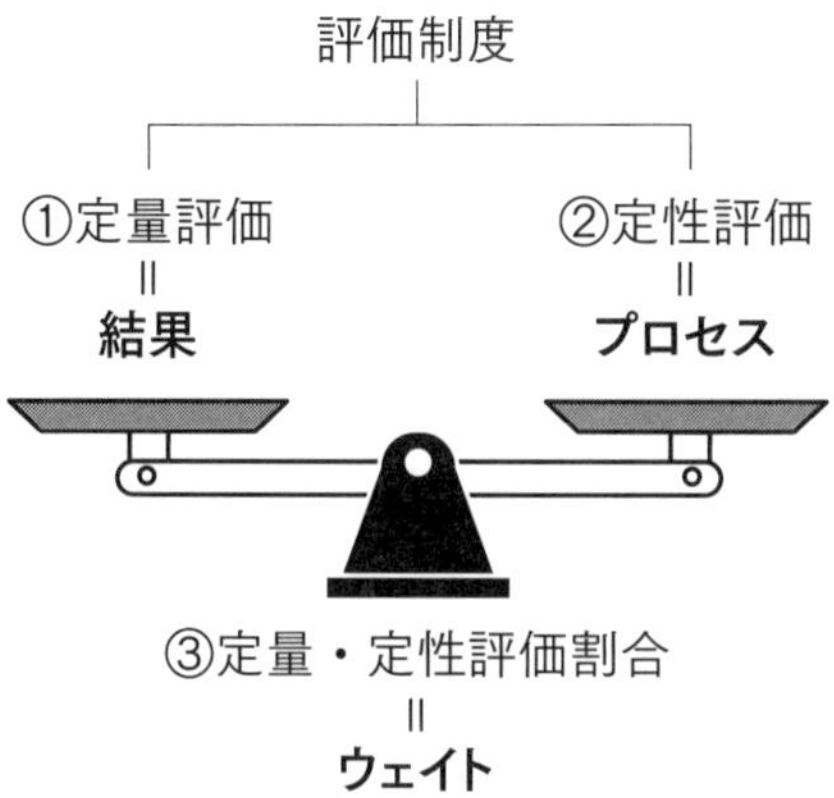

評価制度は大きく分けると3つの要素から成り立っています。

①定量評価（結果）

定量評価とは、数値化できるデータを材料として行なう評価です。飲食店であれば、売上、原価、人件費、営業利益など「結果」を示します。

②定性評価（プロセス）

定性評価とは、結果を出すために必要となる行動のことです。飲食店の場合は、経営理念（行動指針）、QSCチェック（本章3項）、KPI（本章3、6項）、仕事のスキルなど「プロセス」を示します。

③定量・定性評価割合（ウエイト）

これは、定量評価（結果）と定性評価（プロセス）をどれくらいの割合（ウエイト）で評価結果に反映させるのか？　ということです。

私は飲食店における評価制度は、①定量評価（結果）、②定性評価（プロセス）、③定量・定性評価割合（ウエイト）のたった3つの要素で十分だと思っています。次項から、それぞれの具体的要素について見ていきましょう。

02 飲食店評価制度のポイント①
結果＝定量評価項目

定量評価とは、数値化できるデータを材料として行なう評価です。

飲食店であれば、**売上、原価、人件費、営業利益などの「結果」**を示します。これら数値目標の達成状況を評価することになります。

佐々木社長「三ツ井さん、数値目標の達成は対予算にするべきなのか、対前年比にするべきなのか、どうしたらよいでしょうか？」

三ツ井「よくいただくご質問ですが、数値目標達成に関しては対予算にするべきです。さらに各店舗の予算（目標）については、各店長にも考えてもらうことが重要です。自ら担当店舗の予算を考えることで予算達成に対する主体性が生まれるのと同時に、評価に対しての納得性も高まります。自分が関与していない予算で評価されると、どうしても評価に対する納得性が下がってしまいます」

佐々木社長「確かにそうですね。ちょうど再来月が決算なので、来期の予算に関しては、各店長に考えてもらうことにします。

その際ですが、予算はどこまで組むのがよいでしょうか？　営業利益まで予算にするべきでしょうか？」

これもよくいただくご質問です。各店長による予算編成に慣れている会社でしたら、営業利益予算まで策定し、「利益」に対する意識を高めていくという考え方もあるかもしれませんが、営業利益予算を組むためには、販売費及び一般管理費、つまりすべての勘定科目の過去の実績等を分析したうえで予算策定を行なわなければならず、かなり大変な作業になります。

また、減価償却費や家賃など、店長の管理不能費も含まれるため、私は店長の**「三大管理可能費」**である**「売上」「原価」「人件費」**、この3つの予算達成状況を評価制度の定量数値項目として設定することをおすすめしています。

なお、予算の組み方ですが、すべて各店の店長に任せて予算を組むやり方もありますが、会社全体として予算方針（ガイドライン）を策定していく方法もあります。

――会社全体で予算組みすることで予算達成できる人材が育つ

佐々木社長「会社としては全体で前年対比103％くらいの売上は達成したいと考えています。予算の組み方ですが、平日、休前日、休日等を加味して、1日ずつ予算を組んでいく流れになりますか？」

三ツ井「確かに地域イベント、前年データ、曜日データ等を駆使して、1日ずつの売上を積み上げ、最終的に年間予算を組み上げていくやり方もありますが、こうしたやり方は難易度が高いです。最初は、各店の店長に**【自店舗の前年売上高×対前年成長率目標】**を年間売上高予算として設定してもらい、その年間売上予算を季節指数などをもとに月次売上予算に落とし込んでみてください。さらに、その月次売上予算を日割り売上予算に落とし込み、店舗の日々の予算実績管理に活用していくやり方がよいかもしれません」

図19 飲食店の定量評価項目

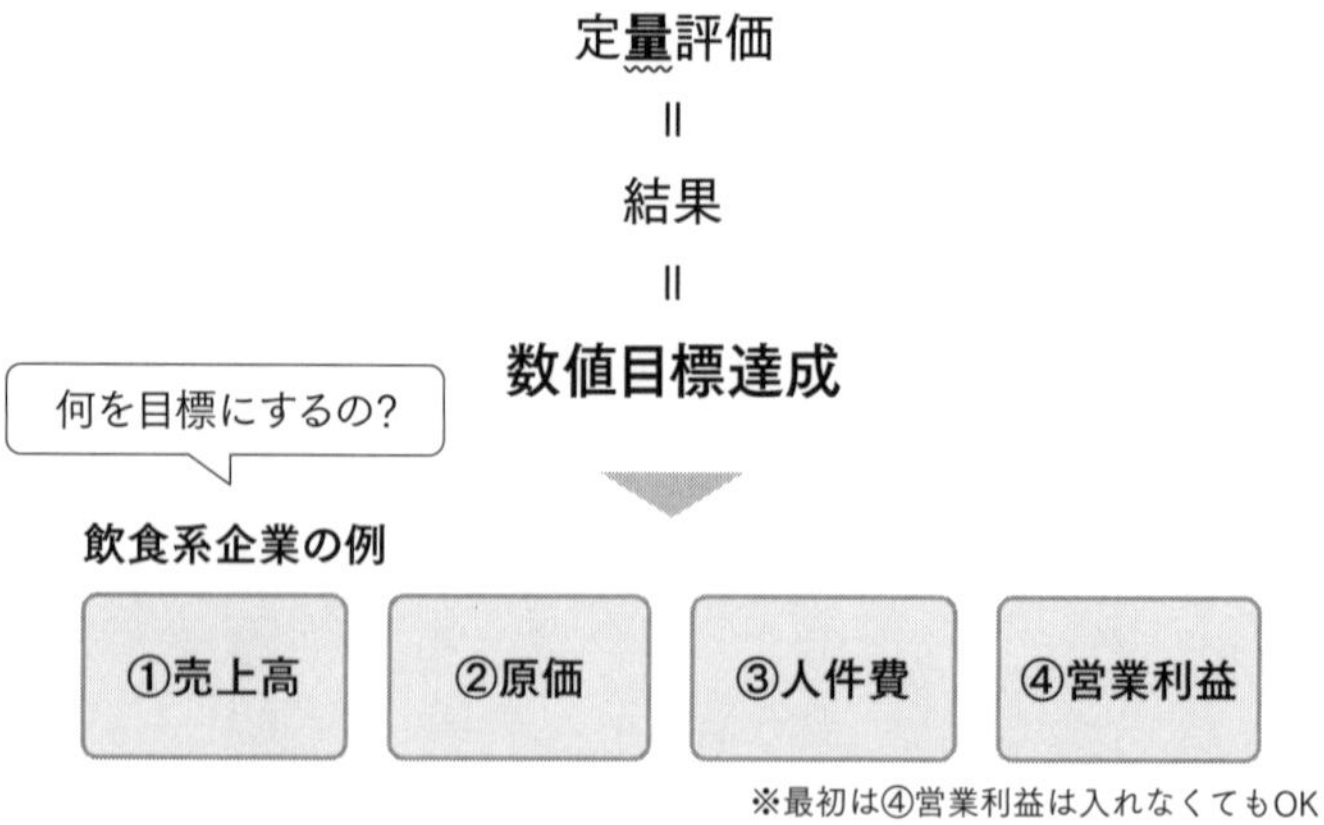
定量評価
＝
結果
＝
数値目標達成
何を目標にするの?
飲食系企業の例
①売上高
②原価
③人件費
④営業利益
※最初は④営業利益は入れなくてもOK

佐々木「わかりました。対前年成長率目標に関してですが、これは特に根拠はなく、各店長に数値目標として設定してもらえばよいでしょうか?」

三ツ井「いや、それだと絵に描いた餅になってしまいます。例えば、対前年成長率目標を3%に設定した場合は〝売上アップ〟をどのようにして実現するのかを考える必要があります。

3%の売上アップ金額を客単価で割ると、何名の客数を増やさないといけないかがわかります。その客数を獲得するための具体的なアクションプランを策定することが重要です。そして、このアクションプランの策定と実現を上司がサポートしてください。こうした上司のサポートがあってこそ、予算は機能するのです」

佐々木社長の会社では、3%の売上アップ実現に向けて2日間の「予算策定合宿」を行なうことになりました。この合宿には私も参加させていただき、各店の前年実績の分析や、客数アップに向けた「アクションプラン」を策定しました。

予算と評価制度は一見すると関係ないように感じるかもしれませんが、「**予算達成できる人材を育成する**」というのが評価制度の大きな目的でもあるため、予算組みも含めてしっかりと行なっていくことが重要なのです。

03 飲食店評価制度のポイント②

プロセス＝定性評価項目

定性評価とは、結果を出すために必要となる行動のことです。

飲食店の場合は、**経営理念（行動指針）、ＱＳＣチェック、ＫＰＩ（重要業績評価指標）、仕事のスキルなどの「プロセス」**が対象となります。

佐々木社長「定性評価の経営理念に関してですが、当社の経営理念は〝食を通じて豊かな時間を創造し、地域とスタッフの未来を創る〟と少し抽象的ですので、実際にこれができているかどうかを評価するのは難しいかと思いますが、どうしたらよいでしょうか？」

三ツ井「その通りですね。経営理念は評価が難しいので、評価の際には経営理念を実現するために必要となる行動である『行動指針』をチェック項目として利用することを

図20 飲食店の定性評価項目

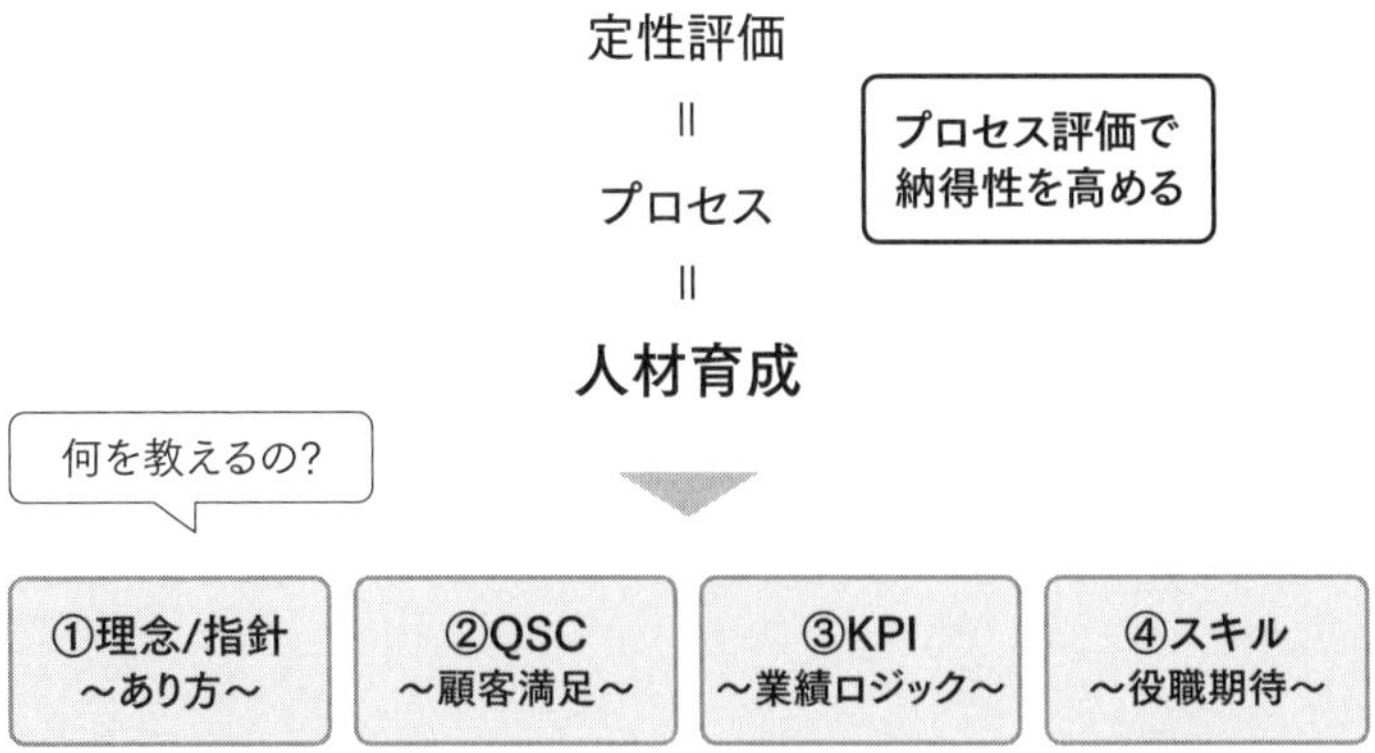
定性評価
＝
プロセス
＝
人材育成
プロセス評価で納得性を高める
何を教えるの?
①理念/指針
～あり方～
②QSC
～顧客満足～
③KPI
～業績ロジック～
④スキル
～役職期待～

おすすめしています」

【佐々木社長の会社の行動指針】

1. いつも機嫌よく笑顔でお客様と仲間に挨拶をする
2. プロである誇りを持ち、常に清潔感のある身だしなみを意識し実行する
3. お客様に感動していただくための技術を磨く勉強をし続ける
4. 自ら目標を設定し、目標達成に向けた努力をする
5. 仲間や部下に対して、常に理念で語る癖を身につける

佐々木社長「確かに行動指針であれば、評価しや

すいですね。その他の定性項目に関してはどうしたらよいですか？」

以下、飲食店の定性評価で重要な「ＱＳＣ」「ＫＰＩ」「スキル」について、詳しく説明していきます。

ＱＳＣについて

QSC（Quality：クオリティ、Service：サービス、Cleanliness：クレンリネス）という言葉自体は皆さん聞いたことがあるかと思います。このＱＳＣを評価制度に盛り込むためには、お店が求めるＱＳＣレベルを具体的な項目にしたＱＳＣチェックシートを作成し、定期的（毎月、隔月、四半期）にマネージャー等が臨店してチェックを行ないます。

なお、ＱＳＣチェック項目を定める際には、店舗のスタッフに集まってもらい、皆でお店のあるべき姿を議論しながら策定していくことをおすすめしています。こうすることで、ＱＳＣチェックに対する意識と納得性の向上が期待できます。

ダウンロード

QSCチェックシート

図21 QSCチェック項目は
店舗スタッフたちと議論しながら策定

項目	内容
Q＝Quality（クオリティ）	料理の質
S＝Service（サービス）	接客の質
C＝Cleanliness（クレンリネス）	衛生管理

ＫＰＩについて

ＫＰＩとは「Key Performance Indicator」の略で、日本語では**「重要業績評価指標」**といいます。お店や会社の目標を達成するために実行するべき、具体的な行動が適切に実施されているかを数値化して評価するものです。

ＫＰＩの重要性をわかりやすく説明すると、次のようなことです。

例えば社長がお店の売上をアップさせたいと思ったときに、店長に対して精神論で「売上をあげろ！」と怒鳴っても、多くの店長は売上アップに向けた具体的な行動を起こすことができません。

こうした社長からの精神論的な指示で売上をあげられるような、いわゆる「スーパー店長」は、今まで日本全国の数多くの店長を見てきた私が思うに、１００人に１人くらいではないでしょうか。

この１００人に１人の逸材を皆さんの会社で採用できる可能性はどれくらいあるでしょうか？　これからどんどん人材不足が加速していく飲食業界において、こうした人材を採用し続ける「逸材特化型採用」は極めて困難です。

自ら考え行動して売上をあげられるような「逸材人材」の採用に頼るだけではなく、お店の売上をあげるための行動をしっかり因数分解したうえでKPI化し、そのKPI項目を日々指導・管理していくことで、若いスタッフや新人スタッフを逸材人材に育てていく仕組みを構築することが大切なのです。

佐々木社長「三ツ井さん、うちの会社の場合はどのようなKPIを設定するのがよいでしょうか?」

三ツ井「今、各店舗で一所懸命に取り組んでいるお店のLINE公式アカウントのお友達獲得率(月間新規獲得数÷月間来客数)をKPIとして設定するのはいかがでしょうか?」

佐々木社長「確かにそれはよいかもしれませんね。今までLINE公式アカウントのお友達獲得はずっとやってきていましたが、特に目標設定や評価はやってきていませんでした」

なお、ＫＰＩ項目は設定したらずっと同じでなくてはいけないということではありません。例えば、佐々木社長のお店で設定したＬＩＮＥ公式アカウントのお友達獲得率ですが、ある程度獲得が進んでいくと、既存のお客様の入会率が増えていくため、新規入会率が減少する傾向があります。

こうなったときは、また新たなＫＰＩを設定すればいいのです。評価制度項目などを通じて普段からＫＰＩを追いかける癖をつけておくことで、店舗の状況や全社的な重点項目など、そのときに応じて自由にＫＰＩを変更することが可能になります。

下記のＱＲコードは、自社のＫＰＩ策定に使える「**KPI設定シート**」です。ぜひ、こちらのフォーマットを活用して、自社ならではのＫＰＩを設定してみてください。

ダウンロード

KPI設定シート

――スキルについて

スキルとは、その名の通り、仕事をするうえでのスキルです。具体的には、役職に応じてあるべき姿や仕事の内容を明記した「**スキルチェックシート（役職期待シート）**」を作成し、個別にチェックを行なっていきます。

佐々木社長「確かに個人のスキルチェックを行なっていくのはとても良いと思いますが、チェック項目はどうやってつくるのがよいですか?」

三ツ井「QSCチェックと同様に、スキルチェックシートもスタッフの皆さんへのヒアリングをしたうえで作成していきます。ただ一点重要なのは、スキルチェックシート作成時には、お店の各部門の優秀なスタッフの意見を多数取り入れることです」

このように、お店の各部門の優秀なスタッフのスキルを分析していくことを「**スペシャリスト分析**」と呼んでいます。

飲食店で働くスタッフは、大きく「スペシャリスト」と「ゼネラリスト」の2つに分けられます。簡単な例をあげると、スペシャリストとは、ある特定スキルを専門的に習得している人材であり、料理人はどちらかというとスペシャリスト人材になります。一方で、ゼネラリストは、複数の部門のスキルと知識を持っており、マネージャーなどがこれに該当します。

さらに細かく見ていくと、料理人の中でも、和食であれば焼き方、煮方、揚げ場、すし場など、ポジションごとに得意な人が存在するケースがあります。こうした各部門、ポジションのスペシャリストのスキルをヒアリング・分析することで、**個人の頭の中にだけ存在している知識（暗黙知）を、会社の資産として活用できるように見える化**していきます。

飲食店経営の難しさの理由は、この**スタッフスキルの「暗黙知化」**が大きく影響していると思います。長年働き、多くの知識を持っているスタッフが退職すると、お店の商品力、接客力、衛生力、つまりQSCレベルが低下する。そして、そのスタッフが持っていたスキルは本人の頭の中にだけあり、退職してしまうとそのスキル（資産）がお店や会社から消えてしまう。私はこうした状態を「**暗黙知経営**」と呼んでいます。暗黙知経営から脱却するためにも、**個人のスキルを会社の資産にする**ことが重要なのです。

スペシャリスト分析を行ない、そこで発掘された個人のスキルをスキルチェックシートに落とし込み、定性評価項目に盛り込み、さらには教育プログラムと連動させていく。これからの超人材不足時代においては、こうした取り組みがますます必要になっていきます。

04 効果的なスキルチェックシートを作成するための「スペシャリスト分析」

佐々木社長「確かに思い返すと、うちの会社も今までずっと暗黙知経営をしてきました。優秀なスタッフが辞めるとお店のレベルが下がり、QSCレベルが低下し、お客様の満足度が低下する。こんなことの繰り返しでした。

個人のスキルを会社の資産にすることが重要であることはわかりますが、具体的にスペシャリスト分析はどのように進めていくべきでしょうか？」

佐々木社長の会社では、私がファシリテーターを務め、「**スペシャリスト分析会議**」を実施しました。

評価制度における定性評価項目の中で、個人のスキルレベルの判定を行なうスキルチェックシートを作成するにあたり、各部門のスタッフに集まってもらい、日頃やっている仕事についてヒアリングを通じて分析を行なうのが、スペシャリスト分析会議です。

以降、このときのスペシャリスト分析会議をベースに、会議の進め方を具体的に解説していきます。

当日は、佐々木社長の会社のうち和食業態店の調理場部門の料理長と副料理長、主任さんの3名に集まっていただきました。

最初にキッチン内の仕事のカテゴリー整理を行なっていきます。キッチンの場合は「**ポジション別の業務**」と「**管理業務**」という2つの軸で考えていくと仕事の整理がしやすくなります。

三ツ井「皆さんのキッチンでの仕事に関して教えていただきたいのですが、ポジションはどのように分かれていますか？」

料理長「大きく分けると、焼鳥や海鮮を焼く〝焼き場〟と、唐揚げ、天ぷら、その他の揚げ物を担当する〝揚げ場〟、刺身と寿司を担当する〝寿司場〟に分かれています」

三ツ井「では、まずは焼き場の仕事に関して教えてください。焼き場は具体的にどのようなカテゴリーの仕事がありますか？」

料理長「私はほとんど寿司場で、最近は焼き場に入っていませんので、焼き場に関しては主任から説明をしてもらいます」

主　任「そうですね、焼き場の仕事を大きく分けると、オープン作業、仕込み、営業、清掃、発注、クローズ作業に分かれると思います」

三ツ井「ありがとうございます。それでは、それらのカテゴリーごとにやるべき項目を教えてください。

また、実際の業務を確認したいので、今度一緒に現場に入らせていただいてもよろしいでしょうか？」

こうして私もシフトインをして、主任の焼き場業務に立ち会いました。主任には、事前にスキルチェックシートを作成しておいていただきました。

まずオープン作業で気づいたことは、皆さん、現場に入る際には当然ながら手洗いをして厨房に入るのですが、手洗い場に置いてある「個人衛生管理表」に、私が見る限り誰も記入をしていないようでした。

三ツ井「主任、この個人衛生管理表は記入しなくてもいいのですか？」
主　任「いやー、実は以前はしっかりと記入していたのですが、最近はたまにしか記入できていないかもしれませんね」

現場に入ると、こうした「形骸化」した作業に出会うことがよくあります。こうした日々の管理表の記入についても、スキルチェックシート（役職期待チェックシート）の評価項目として入れ、意識を高めていくことが重要です。
さらに仕込み作業を見ていきます。すると主任が仕込みに入る前に予約表を確認し、冷蔵庫の中をチェックしていました。

三ツ井「主任、今は冷蔵庫の何を確認したのですか？」
主　任「在庫と、食材が傷んでいないかの確認をしています。今日は10名、6名、4名で串焼きコースの予約が入っているので、仕込みの量がそれなりにありそうですね」

主任が何気なく行なった予約表と冷蔵庫のチェックですが、これは食材の衛生管理や、適正な仕込み量を算出するうえで重要な行動となります。こうした行動も**「冷蔵庫内の在庫チェックができる（品目、品質、品数）」「当日のコース宴会・予約の確認を行なったうえで、仕込みの段取りを組み立てることができる」**といったように、スキルチェック項目として盛り込んでいきます。

次は営業中の作業を見ていきます。19時になるとお店も忙しくなってきて、焼き場もピークタイムを迎えます。主任はさすが焼き場の経験が長いこともあり、常にチビ伝（オーダー伝票）を見ながらスピーディーに仕事をこなしていきます。

三ツ井「主任、焼き場の仕事をこなすうえで、重要なポイントはありますか？」

主　任「そうですね、まずは伝票をチェックして焼く優先順位を決めていきます。4番テーブルと6番テーブルは宴会コースで先に先付やサラダ、一品メニューが出るので少し時間に余裕がありますが、10番テーブルはフリーのお客様で一品メニューがあまり入っていないので、焼き物料理を早く提供できるよう優先的に焼きます。提供時間に余裕がある焼き物は、焼き台の端に乗せて、時間調整をしながらゆっ

図22 主任が作成したスキルチェックシート

カテゴリー	項目
オープン作業	ガス器具の回栓、焼き台のセッティングを行なうことができる
仕込み	海鮮焼きの仕込みができる
仕込み	串焼きの仕込みができる
営業	適正な焼き加減で焼くことができる
清掃	焼き台、冷蔵庫の清掃ができる
発注・在庫管理	発注を行なうことができる
クローズ作業	ガス器具の閉栓、焼き台の締め作業ができる
クローズ作業	閉店チェックリストを正しく記入できる

くり焼くようにしています」

主任が事前に作成してくれたスキルチェックシート（図22）には、焼き場の営業時の項目には「適正な焼き加減で焼くことができる」という一文しかありませんでしたが、実際に作業を見てみると、そこにはさまざまなノウハウがあることがわかります。

さらにラストまで現場調査をさせていただき、一通りの作業を見たうえで修正をしたスキルチェック項目は、図23の通りです。

皆さん、主任が事前に作成した項目

図23 現場同行で修正したスキルチェックシート

No.	カテゴリー	項目
1	オープン作業	正しい手洗いを行ない、個人衛生チェックシートに記入ができる
2	オープン作業	ガス器具の回栓、焼き台のセッティングを行なうことができる
3	仕込み	冷蔵庫内の在庫チェックができる（品目、品質、品数）
4	仕込み	スピーディーかつ正確に海鮮焼きの仕込みができる
5	仕込み	スピーディーかつ正確に串焼きの仕込みができる
6	仕込み	当日のコース宴会・予約の確認を行なったうえで、仕込みの段取りを組み立てることができる
7	仕込み	当日のフリー来店予測を行なったうえで、仕込みの段取りを組み立てることができる
8	営業	食材に応じて適正な下味（タレ、塩うち）ができる
9	営業	お客様のテーブルの状況を想像し、オーダーの優先順位を判断したうえで、焼く順番を組み立てることができる
10	営業	ピークタイムでも常にスピーディーかつ適正な焼き加減で焼くことができる
11	営業	オーダーの状況に応じて、焼き台に食材を置く位置を調整することができる
12	清掃	清掃チェックシートに基づいた清掃ができる
13	清掃	焼き台、冷蔵庫の清掃ができる
14	発注・在庫管理	翌日の宴会・予約・フリー来店予測を行なったうえで、発注を行なうことができる
15	発注・在庫管理	食材の消費期限管理を行なうことができる
16	クローズ作業	ガス器具の閉栓、焼き台の締め作業ができる
17	クロース作業	閉店チェックリストを正しく記入できる

と、私が現場調査を終えて作成した項目を見比べて、どう思いましたか？

主任が事前に作成した項目は、どちらかというと「作業」の思考がベースになっています。一方で、私が作成した項目は、**「作業」に「付加価値」をプラスする**という考え方がもとになっています。

スキルチェックシート作成においては、その作業の中に隠れているノウハウ、付加価値を盛り込むことで、評価のみならず教育プログラムとして活用できるスキルチェックシートになります。

このスキルチェックシートを主任に見ていただくと、

主　任「**このほうがより具体的で評価がしやすいですし、新人やアルバイトさんにも指導がしやすいですね。ただ、これはマニュアルとどう違うのですか？**」

確かに、このように細かく項目を設定していくと、マニュアルとの違いがわからないかもしれません。実際、私は支援先のスキルチェックシート作成時には、「マニュアルの小見出しタイトル」をイメージしてもらうようにしています。つまり、スキルチェックの項目の内容を、さらに詳しく記入していくとマニュアルになるイメージです。

すると、**【評価項目（定性評価のスキルチェック）↓教育プログラム↓教育マニュアル】**が連動して行なわれることになります。

このようにして、キッチン内の全ポジション、さらにはホールや店長業務等もすべてスペシャリスト分析を行ない、店舗全体のスキルチェックシートを仕上げていきます。

なお、ホールとキッチンスタッフの簡易的なスキルチェックシートについては、下記のＱＲコードよりエクセル資料がダウンロードできますので、ご活用ください。

ダウンロード

ホール、キッチン
簡易スキルマップ

05 飲食店評価制度のポイント③ ウエイト＝定量・定性評価割合

飲食店の評価制度を構成する3要素である、①結果＝定量評価、②プロセス＝定性評価についてここまででお話ししました。ここでは3つめの**③ウエイト＝定量・定性評価割合**についてお伝えします。

佐々木社長「定量評価と定性評価の項目に関しては理解できましたが、一般的にはどれくらいの割合で評価するのが適正なのでしょうか？」

三ツ井「実は、定量評価と定性評価の割合＝ウエイトに関しては、会社によって割合が異なります。一概に定量評価〇％、定性評価〇％という基準があるわけではありません。ただ、ウエイトにはその企業が大切にしている方針が表れるものです。

極端な例ですが、プロセス重視型の企業の場合はプロセス70％・結果30％とプロ

図24 定量評価と定性評価のウエイト

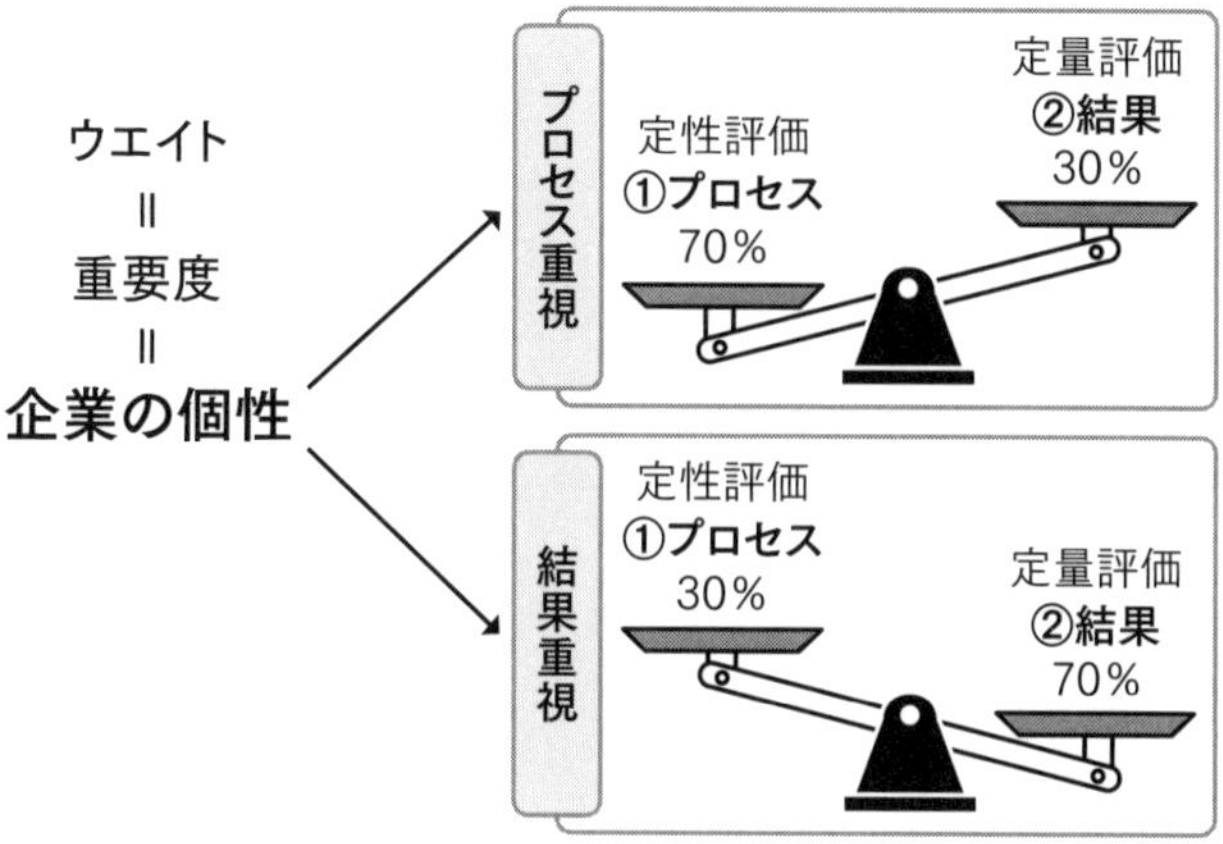

セスの割合が大きくなり、その逆で結果重視型の企業では定量70%、プロセス30%となります」

佐々木社長「なるほど。ただ、うちの会社は今までこうした評価制度を運用したことがないので、ウエイトを決めるといっても正直、どれくらいに設定したらいいかわかりません」

三ツ井「確かにおっしゃる通りですね。私はウエイトは最初に仮設定をしたうえで、本格導入前にテスト評価を行ない、テスト評価の結果を見てウエイトを変更することをおすすめしています。当社の支援先では、年度によって評価ウエイトを変更する会社もあります」

ウエイトに関しては、ある程度柔軟性を持って運用していくことが重要ですが、一般的には下位役職者はプロセス＝定性評価項目のウエイトが高く、上位役職者になるにつれて結果＝定量評価のウエイトが高くなる設定が多くなります。

三ツ井「それでは、メンバーの皆さんを集めて、各評価項目のウエイトを決めていきましょう」

このように、評価制度の項目について議論を重ねていくことを、私は評価制度の「**合意形成**」と呼んでいます。スタッフが納得できる評価制度を構築するうえでは、この「合意形成」がとても大切です。飲食店の評価制度を数多く見てきた私の経験上、この合意形成のプロセスを経ていない評価制度はスタッフの納得性が低く、うまく機能していないケースが多いようです。

今回、佐々木社長の会社では、飲食事業部の主任以上の役職の方に集まっていただきました。細かいウエイトを定めていく前に、メンバー皆で各役職に期待するべきこと＝役職期待を定めていきます。この会議でも私がファシリテーター役を務めて、次のように進行しました。

三ツ井「今、会社で構築を進めている評価制度の役職ウエイトに関して議論をしていきたいと思います。細かいウエイト設定の前に、各役職に求められる仕事の内容＝役職期待を定めていきましょう。まずは、ここに関して皆さんのご意見をいただければと思います」

ホール主任「一般スタッフに関しては、まずはオペレーションをしっかりと体得してほしいので、スキルチェックのウエイトを高くしたほうがいいと思います」

店　長「いや、一般スタッフといえども、やはり数値意識を高めてほしいので、売上予算達成のウエイトは高くするべきだと思います」

このようにさまざまな意見が出る中で、意見の交通整理を行なっていくのが、ファシリテーターの重要な役目です。

三ツ井「店長がおっしゃる通り、売上は大切ですよね。例えば、一般のスタッフが売上アップに貢献しようとした場合は、どのような行動を期待しますか?」
店　長「おすすめメニューやイベントの企画等は、店長、料理長を中心に行なっていますので、一般スタッフに関しては日々の営業をスムーズに回せるようになることが重要ですね。今は特に人材不足で、週末はお店が回らないことによる機会損失もありますので。あとは社会人としての基本であるモラルや働く姿勢等をしっかりと身につけてほしいです」
三ツ井「そうなると、一般スタッフにはいち早くオペレーションや理念・行動指針を体得してもらうことが大切かもしれませんね」
店　長「確かに、考えるとスキルマップや理念・行動指針のウエイトを高くしたほうがよさそうですね」

このように議論を進め、まずは細かいウエイトのパーセンテージを設定する前に、各役職に求められる仕事＝役職期待を定めていきます。こうして皆で話し合った役職期待は次ページの通りです。

図25

■ 役職期待一覧表

等級	役職	部門	役職期待
1等級	一般	飲食事業部 ホール一般	ホールオペレーションスキルの体得と行動指針の習慣化
		飲食事業部 キッチン一般	キッチンオペレーションスキルの体得と行動指針の習慣化
2等級	主任	飲食事業部 ホール主任	アルバイト＆一般社員の育成
		飲食事業部 キッチン主任	アルバイト＆一般社員の育成
3等級	副店長 副料理長	飲食事業部副店長	予算達成とQSCレベル向上に向けての店長サポート
		飲食事業部 副料理長	予算達成とQSCレベル向上に向けての料理長サポート
4等級	店長 料理長	飲食事業部店長	売上、原価、人件費予算達成とQSCレベル向上
		飲食事業部料理長	売上、原価、人件費予算達成とQSCレベル向上
5等級	部長	飲食事業部長	全店の売上、原価、人件費予算達成とQSCレベル向上

1等級の一般スタッフに関しては、先ほど述べたように繁忙時でもスムーズにお店を回すことができる営業オペレーションの体得と、理念・行動指針の習慣化を役職期待に設定しました。2等級の主任に関しては、アルバイトと一般社員の育成を担ってもらいます。3等級の副店長、副料理長には店舗のＱＳＣレベル向上と予算（売上、原価、人件費）達成に向けたサポート役を担ってもらいます。4等級の店長、料理長は売上、原価、人件費予算達成とＱＳＣレベル向上を役職期待としました。5等級の部長は全店の売上、原価、人件費予算達成とＱＳＣレベル向上を役職期待としました。

――どこを重要視するかでウエイトを決める

こうした各等級、役職における役職期待を設定したら、次に定量評価項目と定性評価項目のウエイトを決定していきます。

今回、評価項目のウエイトを設定するうえで一番重要視したのが、ＱＳＣチェックです。店舗が一丸となってＱＳＣレベル向上を目指してもらうよう、全役職共通で最も高い20％のウエイトに設定しました。

1等級の一般スタッフは、オペレーションレベル向上と理念・行動指針の習慣化に向けてスキルチェック項目を15％、理念・行動指針項目を20％に設定。2等級の主任スタッフは、アルバイト、一般スタッフの育成等の項目を盛り込んだスキルチェックを20％に設定。これにより1等級、2等級のスタッフは定量評価ウエイトを30％、定性評価ウエイトを70％としました。3等級の副料理長、副店長は定量評価ウエイトを45％、定性評価ウエイトを55％に、4等級の料理長、店長は定量評価ウエイトを55％、定性評価ウエイトを45％に設定しています。

その中でも副料理長、料理長などのキッチンスタッフは原価率予算のウエイトを高く、副店長、店長などのホールスタッフは売上高予算のウエイトを高く設定しました。人件費に関しては、モデルシフトの徹底意識を高めるべく、ホール、キッチンともに4等級は20％に設定しています。5等級の部長に関しては、定量評価項目のウエイトを70％、定性評価項目のウエイトを30％に設定しています。KPIとスキルチェックに関しては、既に体得、徹底済ということで0％に設定しました。

このように評価項目のウエイトが決定したら、実際にこのウエイトでテスト評価を行ない、評価結果を見たうえでさらに細かくウエイトを再調整＝チューニングしていきます。

評価項目ウエイト									
定量評価項目				定性評価項目					合計
売上高予算	原価率予算	人件費率予算	小計	理念／行動指針	QSCチェック	KPI	スキルチェック	小計	
15%	5%	10%	30%	20%	20%	15%	15%	70%	100%
5%	15%	10%	30%	20%	20%	15%	15%	70%	100%
15%	5%	10%	30%	15%	20%	15%	20%	70%	100%
5%	15%	10%	30%	15%	20%	15%	20%	70%	100%
20%	10%	15%	45%	15%	20%	10%	10%	55%	100%
10%	20%	15%	45%	15%	20%	10%	10%	55%	100%
20%	15%	20%	55%	10%	20%	10%	5%	45%	100%
15%	20%	20%	55%	10%	20%	10%	5%	45%	100%
20%	25%	25%	70%	10%	20%	0%	0%	30%	100%

図26 評価項目ウエイト一覧表

等級	役職	部門	役職期待
1等級	一般	飲食事業部 ホール一般	ホールオペレーションスキルの体得と行動指針の習慣化
		飲食事業部 キッチン一般	キッチンオペレーションスキルの体得と行動指針の習慣化
2等級	主任	飲食事業部 ホール主任	アルバイト＆一般社員の育成
		飲食事業部 キッチン主任	アルバイト＆一般社員の育成
3等級	副店長 副料理長	飲食事業部副店長	予算達成とQSCレベル向上に向けての店長サポート
		飲食事業部 副料理長	予算達成とQSCレベル向上に向けての料理長サポート
4等級	店長 料理長	飲食事業部店長	売上、原価、人件費予算達成とQSCレベル向上
		飲食事業部料理長	売上、原価、人件費予算達成とQSCレベル向上
5等級	部長	飲食事業部長	全店の売上、原価、人件費予算達成とQSCレベル向上

06 ＫＰＩの徹底で月商８００万円、営業利益２００万円を達成した「立呑み焼きとん　大黒」

ＫＰＩの重要性については、本章3項でもお話ししましたが、ここでは上手にＫＰＩ運用を行なっている飲食企業の成功事例をご紹介します。

今回ご紹介するのは、愛知県を中心に、全国に約58店舗を展開する光フードサービス株式会社です。光フードサービスでは「**立呑み焼きとん　大黒**」という10坪の居酒屋をメイン業態として全国展開しています。たった10坪のお店にもかかわらず月商８００万円以上を売り上げ、営業利益で２００万円以上を叩き出すような超繁盛店です。

この「大黒」の繁盛を支える重要な要素のひとつに、徹底した「ＫＰＩ管理」があります。今回は光フードサービスの代表取締役、大谷光徳氏にインタビューをしました。なお、このインタビューは当社のYouTubeでも公開していますので、よろしければそちらもご覧ください。

三ツ井「飲食店経営者の方とお話をしていると、KPI設定がうまくできないというご相談をいただくことが多いのですが、『大黒』ではどういった視点でKPIを設定していますか？」

大谷社長「私たちがKPIの設定で気をつけているのは、最初から机上でKPIを設定しないということです。机上でのKPIはなかなか定着しないし、効果も出にくいです。

そこで私たちは〝感じの良い接客〟を因数分解したうえで、その一つひとつをKPIとして設定することに重点を置いています。例えば『にこやかにお客様にドリンクのお代わりをおすすめする』『外を歩いているお客様に対して、〝お兄さん、1杯飲んでいきませんか？〟と元気よくお声がけをするといった、お客様に接客の良さが伝わる具体的な行動をKPIとして設定していきます」

三ツ井「なるほど。1つ伺いたいのは、これは他の飲食店経営者の方からもよく質問をさ

動画

「立呑み焼とん 大黒」
徹底解剖シリーズ
「KPI管理と不公平感の徹底的な排除」

れるのですが、『大黒』がやっているようなKPIは自己申告的な要素が大きいと思いますが、ちょっと嘘をついたり、いわゆる不正のような行為は発生しないのでしょうか？」

大谷社長「『大黒』では、日々のKPIをスタッフ全員が見ることができる社内SNSシステムを独自開発しています。このシステムを見ると、誰がいつどんなKPI項目を、どれくらい獲得しているか一目瞭然ですので、嘘をついたりしていると仲間のスタッフにはすぐにわかってしまうのです」

三ツ井「確かに、それだと不正はしづらいですね。さらに伺いたいのは、このKPIは、各スタッフはどのように設定しているのですか？」

大谷社長「当社では、KPI項目に関しては本社側で設定をしていますが、KPIの達成目標に関しては、全スタッフに自らKPIの予算を設定してもらっています。最初から高いKPI目標を設定するスタッフもいれば、棒高跳びのように少しずつKPIの目標を高くしていくスタッフもいます。ここはある程度本人の裁量に任せている部分もあります。

このように、自らがKPI目標を設定することで、KPI評価に対す納得性の向上と不公平感の排除が実現しています」

三ツ井「一度設定したＫＰＩ項目に関しては、どれくらいの頻度で見直しをされていますか？」

大谷社長「当社は評価制度におけるＫＰＩ項目は、年収に直結するといっても過言ではないくらいウエイトが高いので、年度予算を本部で作成する際に、人件費予算編成、ＫＰＩ設定というフローで策定しています。その後は、基本的に半年に1回くらいの頻度でＫＰＩ項目の見直しを行なっています。ただ設定したＫＰＩがうまく機能していないと感じたときは、半年を待たずして変更することもあります」

三ツ井「今までさまざまなＫＰＩを設定してこられたと思いますが、大谷社長がＫＰＩを設定するうえで、特に大切にしている項目は何ですか？」

大谷社長「まずは『ドリンクのお代わりをしっかりと聞きに行く』『〝2杯以上飲まれるようでしたら、プラス200円でメガジョッキにしていただいたほうがお得ですよ〟とお声がけをする』といったように、お客様との会話のきっかけになる顧客接点項目を積極的にＫＰＩに設定しています。

当店はおひとりで来店されるお客様が多いのですが、このようなＫＰＩで話しかけた際に、横にいらっしゃる別のお客様も会話に巻き込んでいきます。こうした1名のお客様と別の1名のお客様、スタッフ間で会話が成立することを〝トライアングル〟と呼んでおり、このトライアングルもKPI項目として設定しています。こうした顧客接点のKPIが徹底されると、お客様から『このお店、感じがいい』と思っていただける場面が増え、結果的にお客様のリピート率が高まっていきます」

このように、「大黒」では日々、店舗と個人で評価制度と連動したKPIを追いかけることで、スタッフのモチベーションアップと、お客様満足度向上によるリピート率向上を実現しています。

さらに、日頃から社内にKPIを追いかける習慣を構築しておくことにより、会社側の優先度合に応じてKPIを変更した際にも、スタッフ全員が同じ方向に向いて営業を行なう組織風土が構築できています。こうした日々の積み重ねが10坪、月商800万円、営業利益200万円という繁盛を実現しているのです。

図27 顧客接点のKPIトライアングル

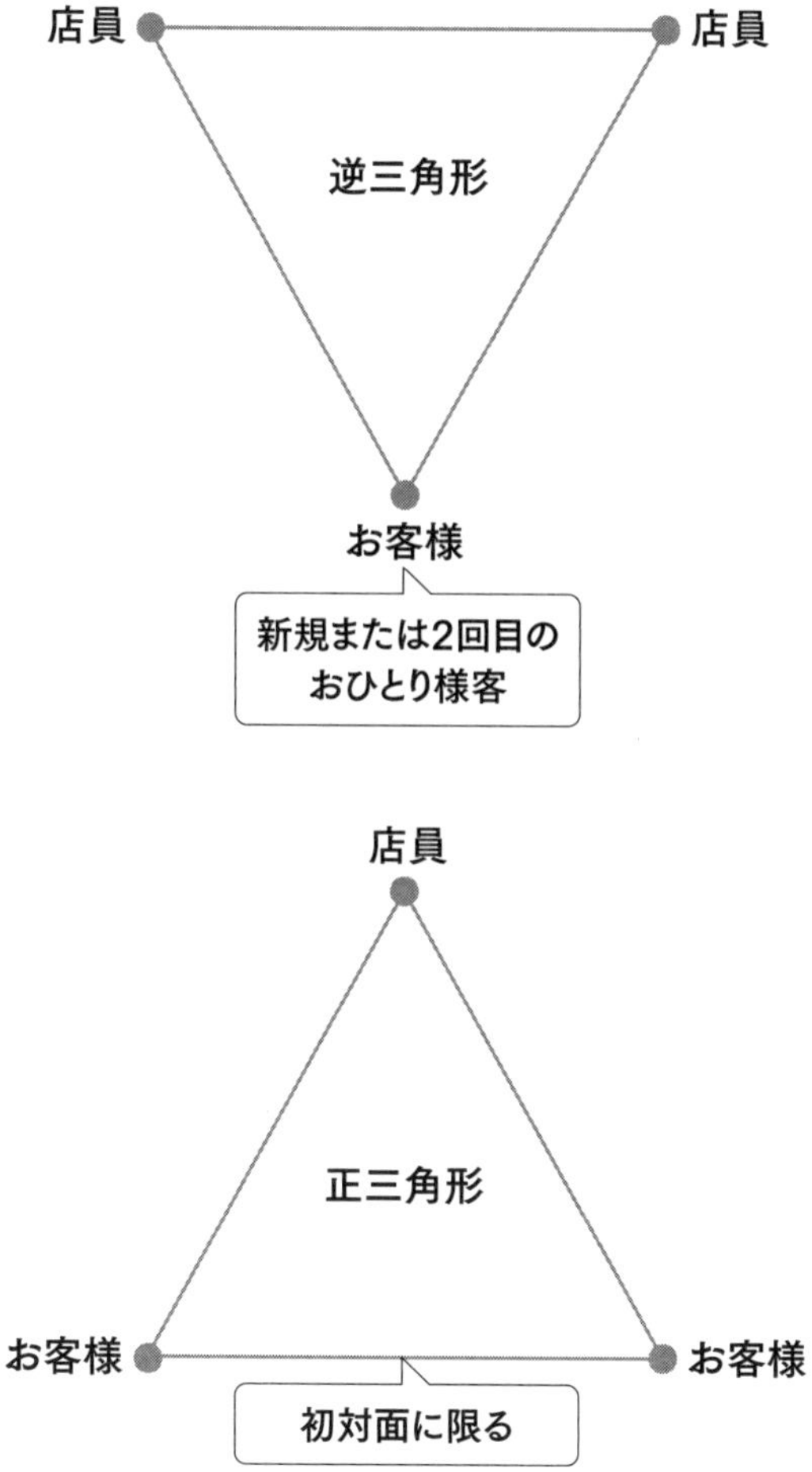

お店のコンセプトもＫＰＩ化する

　また、**ＫＰＩはお店のコンセプトとも密接に関係しています。**今回ご紹介した大黒のように、お客様との密接なコミュニケーションをコンセプトにしているお店でしたら、顧客接点を軸としたＫＰＩ設定になります。例えば、ワインにこだわっているお店でしたら、ボトルワインのオーダー率をＫＰＩに設定しているお店もあります。

　このように、まずは自分たちのお店のコンセプトや差別化要素をしっかりと定めたうえで、それを実現するためのＫＰＩを設定するという視点も大切になります。皆さんのお店でも、ぜひ自社のコンセプトを体現するＫＰＩを設定してみてください。

第4章

スタッフが成長する飲食店の報酬制度とキャリアデザイン

01 給与決定でもう迷わない！ 社員がイキイキ働ける報酬制度のつくり方

ここまで、人事評価における3つの要素である、①等級制度と②評価制度についてお話ししました。本章では、3つめの要素である、**③報酬制度**について解説していきます。
なお、今回事例でお伝えするのは、地方都市で飲食店を経営されている佐々木社長（仮名）の会社の報酬制度ですが、最低賃金は都道府県によって異なり、給与水準等も業態やエリアによってかなり変わります。ここで紹介する賃金テーブル等は、あくまで参考のひとつとお考えください。

三ツ井「佐々木社長の会社では、報酬制度に関してはどのようになっていますか？」
佐々木社長「給与に関しては、いわゆる賃金テーブルのようなものは書面化できてはいませんが、何となく私の中で〝店長だったらこれくらいの給与〟といった基準はあり

図28 人事評価の3つめの要素「報酬制度」

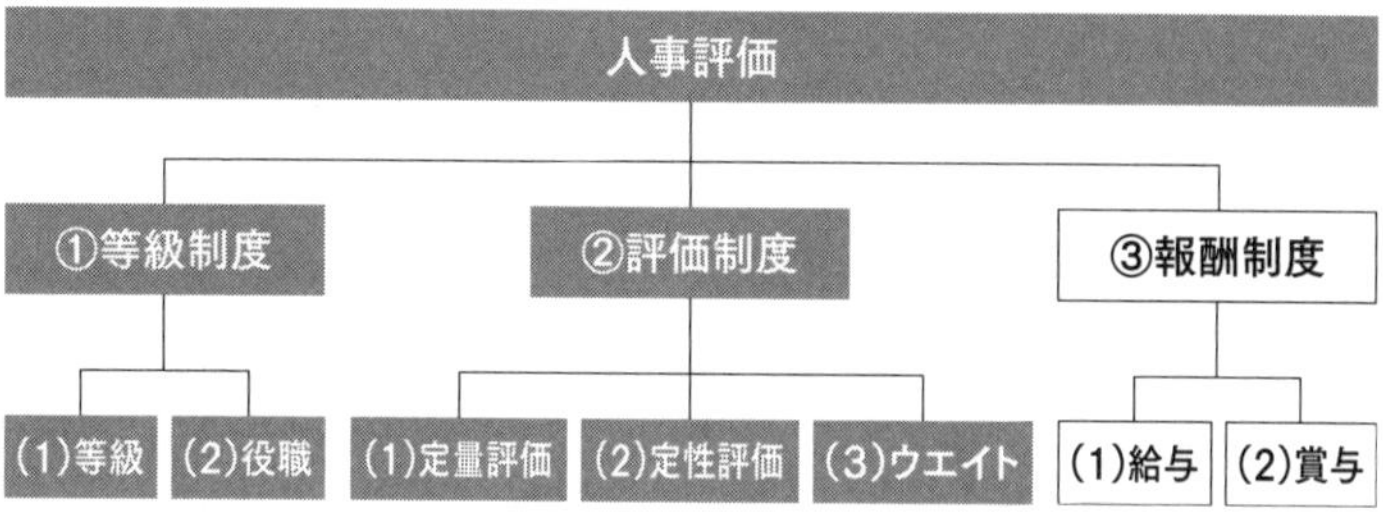

ます。賞与に関しては、年に2回支給していますが、特に支給の基準は決まっておらず、私のいわゆる〝鉛筆ナメナメ〟で決まっている状態です」

三ツ井「それでは、報酬制度に関しては、まずは賃金テーブルをつくっていきましょう」

佐々木社長「実は、以前にとある士業の方に賃金テーブルの作成を依頼したことがあるのですが、今、実際に支給している給与とかなり差があり、賃金テーブルでルールを決めると、給与が下がる人が出てきてしまうため、導入を見送った経緯があるのです」

三ツ井「賃金テーブルは、現状の社員の皆さんに支給している金額をベースに構築していきますので、そこはご心配はいりません」

佐々木社長が懸念している通り、賃金テーブルを一般的な

「あるべき論」に当てはめてしまうと、現状のスタッフの給与との乖離が発生してしまうケースがよくあります。

また、飲食業で中途社員を採用する際には、前職の年収を考慮しないと入社してもらえないケースがほとんどなので、賃金テーブルに関しても柔軟な対応が必要です。

まずは佐々木社長の会社の飲食事業部の社員給与を一覧表にして整理していきます。

なお、給与分析については、一覧表だけだとわかりづらいので、**等級別の給与レンジ図**を作成すると、給与の実態がわかりやすくなります。

佐々木社長の会社の給与を見たうえで、何点か社長に質問していきます。

三ツ井「キッチン主任の鈴木さんですが、この方の給与は40万円と、副店長、店長よりも高くなっていますが、これは何か理由がありますか？」

佐々木社長「実は鈴木主任は創業期から頑張ってくれているスタッフなのですが、以前は料理長をやってもらっていました。ただ一時期体調を崩したことがあり、責任の重い職務は負担になるので、今は主任で頑張ってもらっていますが、給与は料理長だったときのままになっています」

図29 佐々木社長の会社の社員給与一覧

氏名（仮名）	等級	所属	役職	給与
山田さん	1等級	郊外和食A	キッチン一般	220,000
佐竹さん	1等級	居酒屋A	キッチン一般	224,000
吉田さん	1等級	居酒屋A	ホール一般	230,000
田中さん	1等級	郊外和食A	ホール一般	250,000
佐藤さん	2等級	郊外和食A	ホール主任	258,000
鈴木さん	2等級	郊外和食B	キッチン主任	400,000
吉岡さん	3等級	郊外和食B	副店長	300,000
松田さん	3等級	居酒屋A	副料理長	380,000
小山さん	4等級	郊外和食A	店長	350,000
村瀬さん	4等級	居酒屋A	店長	350,000
西島さん	4等級	郊外和食B	店長	350,000
森山さん	4等級	郊外和食B	料理長	480,000
西山さん	4等級	郊外和食A	料理長	480,000

図30 等級別の給与レンジ図

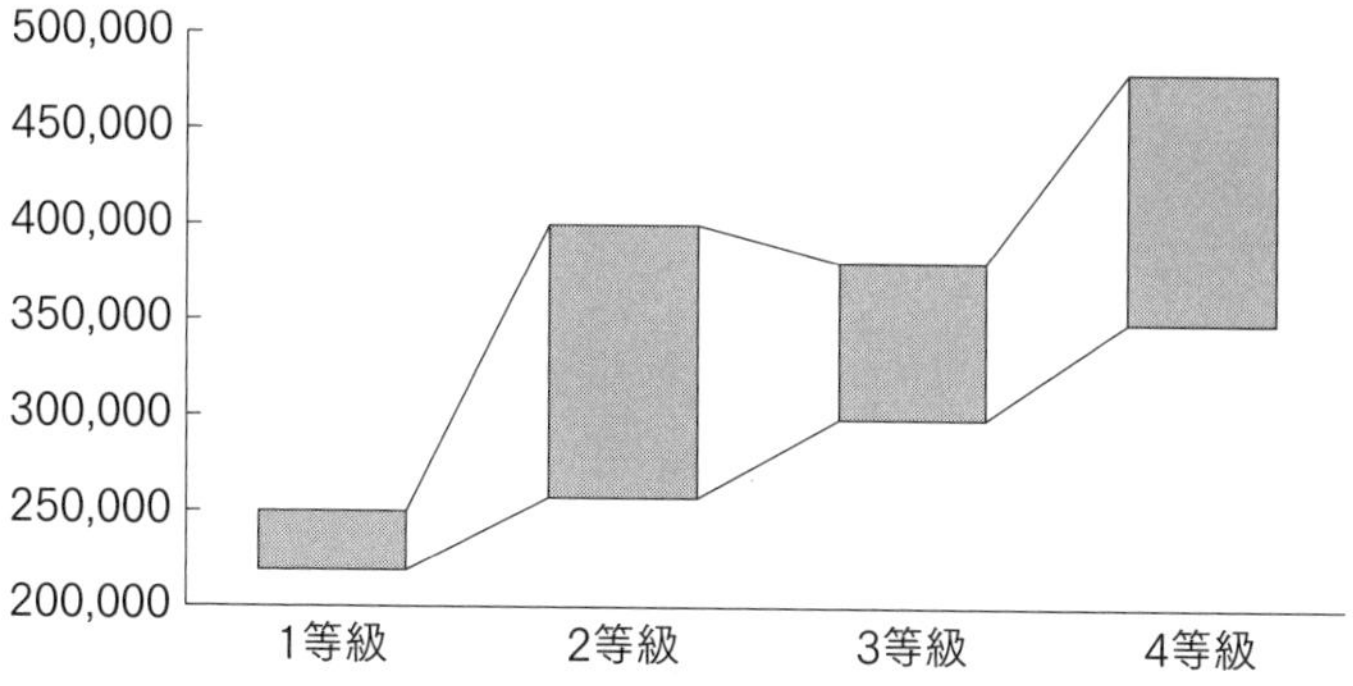

三ツ井「そういったご事情があったのですね、わかりました。ただ、このまま主任の給与上限を鈴木主任の40万円に合わせてしまうと、上位等級である3等級の副料理長の上限給与を超えてしまうので、いったん規定を定めたうえで、それ以上の支給分は調整給（調整手当）として支給することも検討していきましょう」

調整給（調整手当）については、今回のようなケースや、中途社員の採用時にも有効に活用できます。例えば、佐々木社長の会社の1等級一般の給与上限を25万円に設定していたとします。そこに一般社員募集で前職給与が26万円の人が応募してくれた場合、どうすればいいでしょうか？

「当社の一般社員の規定給与は25万円ですので、前職より給与は下がりますが、25万円でうちの会社に来てください！」……はたして、こんなことを言って採用できるでしょうか？　これだけ飲食業界が人材不足で売り手市場の中で、こんなことを言っては、おそらく応募者は辞退してしまうでしょう。とはいえ、このような中途社員や規定外の例外社員が入社するたびに賃金テーブルを変更していると、今回の佐々木社長の会社の鈴木主任さんの例のように、賃金テーブルの整合性が取れなくなってしまいます。

そこで、このようなケースでは規定の給与を25万円とし、**前職給与との差額の1万円を調整給（調整手当）として支給する**のです。本人には、「当社規定では、月給25万円ですが、あなたの経験を考慮して1万円の調整給を支給します。ただ、調整給の支給は1年間となりますので、1年以内に主任に昇格できるよう会社もサポートしますので、一緒に頑張りましょう！」と伝えます。

なお、実際に1年後に主任に昇格できなかった場合には調整給の減給を行なうことも不可能ではありませんが、その場合には調整給の取り扱いについて、就業規則や雇用契約書に定めておくことが必要となるので注意してください。

――賃金テーブルは重複型がおすすめの理由

その後、同業種や近隣の競合飲食企業などの給与水準を踏まえながら作成した賃金テーブルと給与レンジ図は、図31、32の通りになります。例外的な支給となっている鈴木主任以外は、新たな賃金テーブルの中に収まっていることがわかるかと思います。

なお、本賃金テーブルは**号俸《ごうほう》表方式**となっており、同じ等級の中でも、号俸が上がれば

図31 賃金テーブル

等級		1等級	2等級	3等級	4等級	5等級	6等級
ホール		一般	主任	副店長	店長	部長	執行役員
キッチン		一般	主任	副料理長	料理長		
最下限		220,000	258,000	300,000	350,000	500,000	650,000
最上限		280,000	330,000	388,000	490,000	650,000	845,000
賃金レンジ		60,000	72,000	88,000	140,000	150,000	195,000
昇給ピッチ		2,000	3,000	4,000	5,000	10,000	15,000
号棒	1	220,000	258,000	300,000	350,000	500,000	650,000
	2	222,000	261,000	304,000	355,000	510,000	665,000
	3	224,000	264,000	308,000	360,000	520,000	680,000
	4	226,000	267,000	312,000	365,000	530,000	695,000
	5	228,000	270,000	316,000	370,000	540,000	710,000
	6	230,000	273,000	320,000	375,000	550,000	725,000
	7	232,000	276,000	324,000	380,000	560,000	740,000
	14	246,000	297,000	352,000	415,000	630,000	845,000
	15	248,000	300,000	356,000	420,000	640,000	
	16	250,000	303,000	360,000	425,000	650,000	
	17	252,000	306,000	364,000	430,000		
	18	254,000	309,000	368,000	435,000		
	19	256,000	312,000	372,000	440,000		
	20	258,000	315,000	376,000	445,000		
	21	260,000	318,000	380,000	450,000		
	22	262,000	321,000	384,000	455,000		
	23	264,000	324,000	388,000	460,000		
	24	266,000	327,000		465,000		
	25	268,000	330,000		470,000		
	26	270,000			475,000		
	27	272,000			480,000		
	28	274,000			485,000		
	29	276,000			490,000		
	30	278,000					
	31	280,000					

図32 佐々木社長の会社の給与レンジ図(変更後)

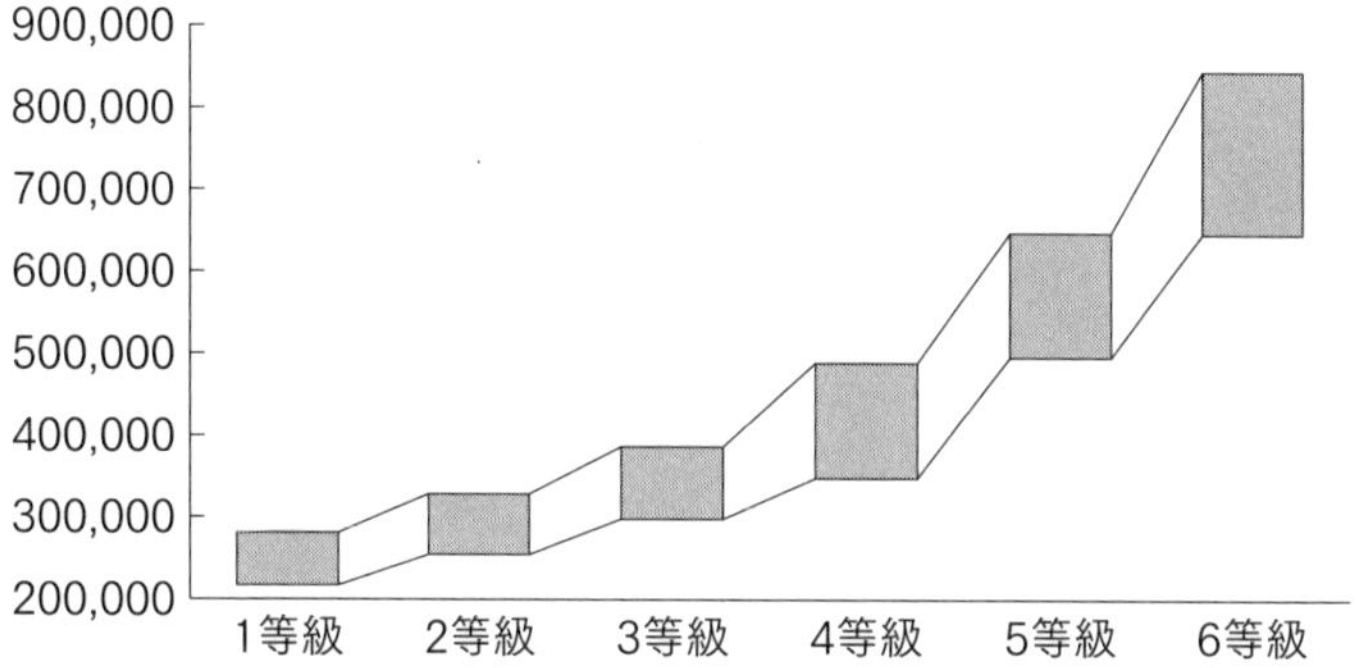

給与は高くなります。等級が決まり、その後、号俸が決まることで給与が決まります。

号俸については、勤続年数や年齢で上がる「**年功序列型賃金制度**」と、評価制度などの結果によって号俸が変化する「**評価制度連動型賃金制度**」があります。この2つを組み合わせた賃金制度もあります。

また、1号俸アップするごとに上がる給与額を「**昇給ピッチ**」といい、給与の上限額と下限額の差を「**賃金レンジ**」といいます。

佐々木社長「だいぶ賃金テーブルが整理されましたね。ただ、賃金テーブルを見ていて気づいたのですが、3等級の副店長、副料理長の最上限の給与が38万8000円となっており、その上の4等級の最下限の給与である35万円より高くなっています。他の等級もこうした状態がありますが、これは問題ではないですか？」

ご指摘のような、下位等級の最上限給与が上位等級の最下限給与を上回っている賃金テーブルを「**重複型**」といいます。一方、下位等級の最上限給与が上位等級の最下限給与と連動している賃金テーブルを「**接続型**」といいます。

私は飲食企業においては「重複型」の賃金テーブルをおすすめしています。なぜなら、**店長より給与が高い副料理長がいてもいい**と思うからです。

飲食店で働く人の中には、「店長や料理長といった店舗全体のマネジメントを行なうゼネラリスト型の働き方は苦手だが、料理をつくることに対しては誰にも負けない！」といった、いわゆるスペシャリスト思考の人が少なからずいます。こうしたスペシャリスト人材の活躍の場を確保する意味でも、重複型の賃金テーブルは有効です。その他にも、降格となった場合に、以前の給与に近い金額を支給できるといったメリットもあります。

なお、本書で紹介した賃金テーブルで定めた給与は、賃金テーブルの概略をわかりやすく説明するために、みなし残業（固定残業）や各種手当を含んだ総支給額としています。

02 社員が夢を描ける飲食店になるキャリアビジョン

前項では、等級別の賃金テーブルを作成しました。

佐々木社長「賃金テーブルは、そのまま社員に公表してしまってもいいですか？　それとも、社員には見せずに本部資料として活用したほうがいいでしょうか？」

三ツ井「せっかく作成した賃金テーブルですので、もちろん社員の皆さんには公表したいのですが、号俸まで含めて細かく公表するケースもあれば、等級、役職別の役職期待と賃金レンジを整理してわかりやすくまとめたものを公表するケースもあります」

このような等級や役職別の期待、賃金レンジをまとめた資料を「**キャリアビジョンシート**」と呼んでいます。佐々木社長の会社に入社したスタッフが、今後どのような夢に向

図33 **キャリアビジョンシート**

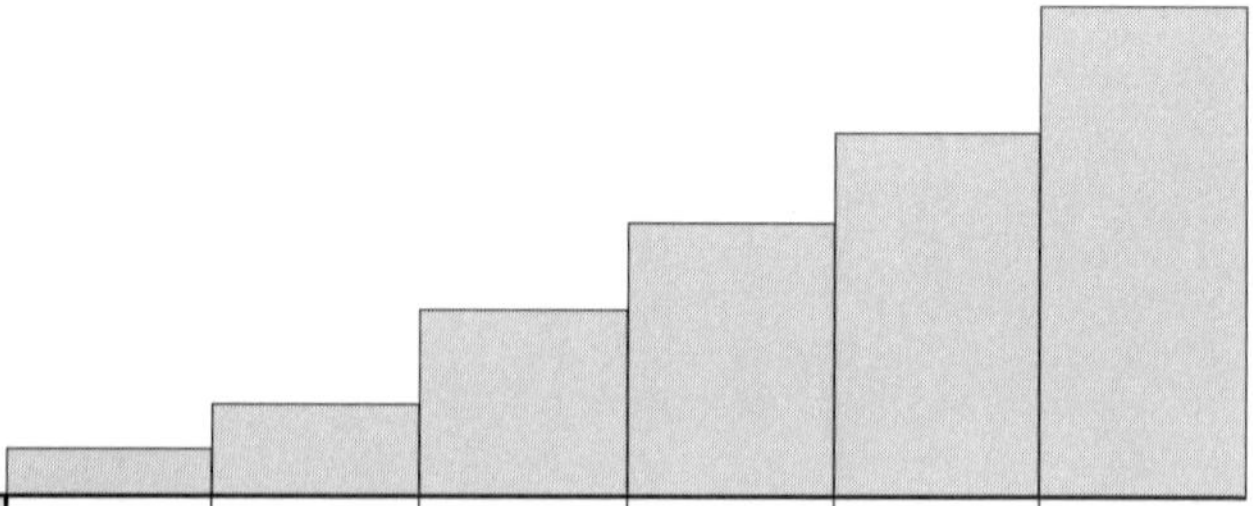

イメージ年収	2,640,000 〜 3,360,000 +賞与	3,096,000 〜 3,960,000 +賞与	3,600,000 〜 4,656,000 +賞与	4,200,000 〜 5,880,000 +賞与	6,000,000 〜 7,800,000 +賞与	7,800,000 〜 10,140,000 +賞与
等級	1等級	2等級	3等級	4等級	5等級	6等級
役職	ホール一般 キッチン一般	ホール主任 キッチン主任	副店長 副料理長	店長 料理長	部長	執行役員
役職期待	ホールオペレーションスキルの体得と行動指針の習慣化	アルバイト＆一般社員の育成	予算達成とQSCレベル向上に向けた店長／料理長のサポート	売上、原価、人件費予算達成とQSCレベル向上	全店の売上、原価、人件費予算達成とQSCレベル向上	経営会議決定事項の推進

かってキャリアを描いていくのか？　ここを明確にするのが、キャリアビジョンシートです。

実際に、佐々木社長の会社で作成したキャリアビジョンシートは前ページの通りです。自分がこの先、この会社で成長していくためには、どのようなことを求められ（役職期待）、それを達成していくことで、どれくらいの年収になるのか？　キャリアビジョンを明確化することで、働くスタッフは「3年後には店長になって、マイホームを購入したい！」「40歳で部長になって年収700万円を目指す！」「いずれは執行役員で年収1000万円に！」といった夢を描くことができるのです。

キャリアビジョンの発表会議も効果的

今回、佐々木社長の会社では、評価制度全体の発表に先立ち、このキャリアビジョンについて全体会議でスタッフに発表することにしました。

キャリアビジョンの発表の際には、「キャリアビジョン策定の目的」「導入スケジュール」「現行給与制度との差」といったような、スタッフが不安に感じそうなことをあらかじめ盛り込んだ説明会資料を当社で作成し、社長と一緒に、丁寧に説明をしました。

さらに全体会議の最後には、佐々木社長自ら、「働くスタッフの仕事のやりがいや将来を考えたうえで、もっと働きやすい会社にするために評価制度やキャリアビジョン導入を決意した」というメッセージを熱く語りました。


発表後、会議に参加してくれた全社員にアンケートを行なったところ、

「自分の目指すべき役職や年収が明確になった」

「この先、この会社で働き続けると、自分はどうなるのだろう……とモヤモヤしていた気持ちが晴れた」

などの意見がありました。

やはり、誰しも自分の未来や夢が描けない会社では働きたくないのです。

03 評価項目には表れない頑張りを評価する「特別評価」を導入する

構築した評価制度は、まずは**トライアル評価**を行ないます。

佐々木社長の会社では、飲食事業部門の小山店長に協力してもらい、トライアル評価を進めることになりました。

まず、**定量評価結果**については、小山店長の店舗の予算対比を集計していきます。今回は売上高予算対比85％、原価率予算対比84％、人件費率予算対比82％という結果でした。一方で、**定性評価結果**は、理念・行動指針の達成率は95％、ＱＳＣチェックは68％、ＫＰＩは56％、スキルチェックは82％でした。

実績が算出できたら、次はそれぞれの実績に小山店長の4等級のウエイトをかけ合わせていきます。例えば、売上高予算対比の実績①は85％、ウエイト②は20％なので、**85％×**

図34 **小山店長のトライアル評価の結果**

評価カテゴリー	項目	①小山店長の実績	②ウエイト	③評価結果（①×②）	
定量評価	売上高予算対比	85.0%	20.0%	17.0%	
	原価率予算対比	84.0%	15.0%	12.6%	
	人件費率予算対比	82.0%	20.0%	16.4%	
定性評価	理念／行動指針	95.0%	10.0%	9.5%	78.8%
	QSCチェック	68.0%	20.0%	13.6%	
	KPI	56.0%	10.0%	5.6%	
	スキルチェック	82.0%	5.0%	4.1%	

20%＝③評価結果17%となります。

こうして算出されたすべての項目を合計した**78・8%**、この数値が小山店長の最終的な評価結果となります。

さらに、この最終評価結果をベースに、**評価ランク**を決定していきます。

今回設定した評価ランクが図35です。今回、小山店長の評価結果は78・8%でしたので、評価ランクはCランク（60%～79%）となります。

佐々木社長「三ツ井さん、小山店長はCランクなのですね。これは私の感覚なのですが、彼はかなり頑張ってくれていたの

図35 評価ランク表

評価結果	ランク
105%以上	S
90%～104%	A
80%～ 89%	B
60%～ 79%	C
0%～ 59%	D

で、正直、Cランクというのは違和感があります」

このようにトライアル評価を行なうと、評価結果と、社長の考える評価に差異が生じることがあります。私は、**この差異こそがとても大切**だと思っています。

社長が感じている差異の正体をヒアリングしていきましょう。

三ツ井「佐々木社長、小山店長の評価に関してですが、どんなところに違和感を感じられましたか？」

佐々木社長「小山店長は定量評価の予算達成率がかなり悪かったと思いますが、実はこれには理由があります。今年は仕出し事業部の人員が全く足りず、小山店長はほとんど仕出し事業部のヘルプにかかりきりでした。なので、自店舗の数値管理が甘くなってでしまったようです。実際、今回小山店長が仕出し事業部のヘルプを行なっていなければ、仕出し事業部は人員不足で完全にオペレーション崩壊していたと思います。

小山店長は自店舗だけでなく、いつも会社全体のことを考えて行動してくれます。その姿勢は定性評価にも表れていて、彼の理念・行動指針の評価結果は95％と、社内の全スタッフの中で最も高くなっています」

三ツ井「でしたら、小山店長に関しては『特別評価』を付与してあげましょう」

私は、飲食店の評価制度では、この「**特別評価**」の導入をおすすめしています。

今回のような〝特別な事情〟に対して、最終評価結果に80～120％の範囲で特別評価枠を設けておきます。例えば、「遅刻が多い」「社内で問題を起こした」などの場合は、80～99％の間でマイナスの特別評価を行ないます、一方で、小山店長のケースのように、評価項目には表れないプラスの行動を行なってくれた場合には、101～120％の範囲でプラスの特別評価を行なうのです。

佐々木社長「確かに特別評価は必要ですね。ただ、それだと以前私がやっていた〝鉛筆ナメナメ評価〟とあまり変わらなくなってしまう気がします」

三ツ井「佐々木社長のご心配もわかります。ただ、飲食店経営ではさまざまなケースが発生するので、評価項目だけで評価すると、どうしても不具合が発生してしまいます。特別評価基準の不明確さが心配な場合は、遅刻○回でマイナス○％と細かく設定する方法もありますが、こうした設定はどんどん評価制度が複雑化してしまうので、あまりおすすめしていません。

それよりも特別評価を行なううえで重要なのは、特別評価の理由を明確にし、その理由をしっかりと本人にフィードバックすることです。本評価を行なった際には、幹部メンバーで全スタッフの評価結果を確定させる『評価査定会議』を行ないます。会議では、すべての特別評価に関して、その正当性や整合性を議論して決定していきます」

佐々木社長「確かに、そのようなプロセスを行なえば、不公平感はなくなりますね」

こうして特別評価を付与した小山店長の評価が、図36です。

今回、小山店長には115％の特別評価④を付与したため、最終評価結果⑤は90・6％

図36 小山店長の最終評価結果

評価カテゴリー	項目	①小山店長の実績	②ウエイト	③評価結果（①×②）		④特別評価	⑤最終評価結果（③×④）
定量評価	売上高予算対比	85.0%	20.0%	17.0%	78.8%	115%	90.6%
	原価率予算対比	84.0%	15.0%	12.6%			
	人件費率予算対比	82.0%	20.0%	16.4%			
定性評価	理念／行動指針	95.0%	10.0%	9.5%			
	QSCチェック	68.0%	20.0%	13.6%			
	KPI	56.0%	10.0%	5.6%			
	スキルチェック	82.0%	5.0%	4.1%			

となり、評価ランクはAランクとなりました。

このように、評価制度を上手に運用しようとすれば、特別評価のような調整弁が必要なのです。

04 評価結果を評価ランクに反映させる

佐々木社長「特別評価等も加味して、評価結果から評価ランク分けまで行なうことはわかりましたが、実際にどのように評価結果を賃金に反映させればいいですか？」

三ツ井「具体的には評価ランクによって号俸を変化させて、昇給・降給を決定していく流れになります。『評価ランク昇降給表』（図37）を見てください。今回、小山店長はAランク評価でしたので、4等級のAランクは1号俸の昇給となります。現在の35万円から1号俸アップした35万5000円となります」

佐々木社長「今回、小山店長はAランクでしたが、昇給額は5000円ですか。ちょっと少ない気もしますが、どうなんでしょうか？」

三ツ井「確かに、5000円の昇給というと一見少なく感じるかと思いますが、こちらは基本給の昇給となるため、当然ながら昇給によって残業単価（昇給を役職手当とし

図37 評価ランク昇降給表

		等級					
		1等級	2等級	3等級	4等級	5等級	6等級
		一般	主任	副店長 副料理長	店長 料理長	部長	執行役員
ランク	S	+3	+3	+3	+2	+2	+2
	A	+2	+2	+2	+1	+1	+1
	B	+1	+1	+1	±0	±0	±0
	C	±0	±0	±0	±0	±0	±0
	D	−1	−1	−1	−1	−1	−1

賃金テーブル

等級		1等級	2等級	3等級	4等級	5等級	6等級
ホール		一般	主任	副店長	店長	部長	執行役員
キッチン		一般	主任	副料理長	料理長		
最下限		220,000	258,000	300,000	350,000	500,000	650,000
最上限		280,000	330,000	388,000	490,000	650,000	845,000
賃金レンジ		60,000	72,000	88,000	140,000	150,000	195,000
昇給ピッチ		2,000	3,000	4,000	5,000	10,000	15,000
号棒	1	220,000	258,000	300,000	350,000	500,000	650,000
	2	222,000	261,000	304,000	355,000	510,000	665,000
	3	224,000	264,000	308,000	360,000	520,000	680,000
	4	226,000	267,000	312,000	365,000	530,000	695,000

ても、残業代の基礎単価に含まれる）や社会保険料等も上がります。また、全社員の昇給等も踏まえると、かなりの人件費アップになる可能性もあります。昇給アップ額の設定は、会社の財務状況等も踏まえて慎重に検討することをおすすめします。

最終的には全社員のテスト評価を行ない、人件費アップ額を算出したうえで、賃金テーブルにおける等級別の昇給ピッチや、評価ランクにおける昇降給額の設定をチューニングしていくことになります」

佐々木社長「社員の給与はどんどん上げていってあげたいという気持ちはありますが、三ツ井さんがおっしゃる通り、会社の業績や財務状況も加味したうえで慎重に考えていかないとなりませんね。ちなみに、一般的な企業は年間どれくらい賃金アップをしているのでしょうか？」

三ツ井「その会社の状況によるので一概には言えませんが、例えば経団連の発表によると、2023年春闘の大手企業の賃上げ率は3・91％と30年ぶりの高水準となっています。さらに2024年の春闘賃上げ率は、2023年をやや上回ると予測されています。

こうした日本社会の賃上げムードにより、飲食企業でも3％、4％といった水準で給与をアップさせる企業が増えてきました。こうした影響で、昇給ピッチを1万円などに上げる企業が増えてきているのも事実です」

――人材確保のためには賃上げは避けられない

今後、外食産業においては人材獲得合戦が加速していくのは間違いないため、大手企業を中心に賃上げが進んでいくことが予想されます。「我々は中小企業なので関係ない」と言いたいところですが、働くスタッフにとっては大手だろうと中小だろうと、労働条件が良い会社が魅力的に感じることには変わりはありません。そういった意味では、**年間3～4％の給与アップが実現できる収益を確保していく必要があります**。

飲食店の業績アップに向けた取り組みに関しては本書では触れませんが、よろしければ私の2冊目の著書『V字回復を実現する！あたらしい飲食店経営35の繁盛法則』もあわせてお読みください。

書籍

『V字回復を実現する！
あたらしい飲食店経営
35の繁盛法則』
（同文舘出版）

05 評価結果を賞与に反映させる

三ツ井「ここまでは評価結果と昇降給を連動させる方法についてお話ししてきましたが、ここからは評価結果と賞与との連動について見ていきましょう」
佐々木社長「賞与については、給与評価とはまた別の評価をするのでしょうか？」
三ツ井「私は給与査定で行なった評価結果を、そのまま賞与支給額に連動させることをおすすめしています。なぜかというと、『給与はこの評価制度で、賞与はまた別の評価制度で……』となると、制度の運用が煩雑化して、評価制度を継続するのが難しくなってしまうからです」

ここでは、飲食店での効果的な賞与支給の方法について、整理をしながら解説していきます。

賞与とインセンティブの違い

賞与（ボーナス）とは、労働基準法では「定期または臨時に、原則として従業員の勤務成績に応じて支給され、その額があらかじめ定められていないもの」とされており、定期給とは別に支払われる給料です。日本の企業では6月下旬から7月下旬に支払われることが多い「夏季賞与」、12月に支払われることが多い「冬季賞与」、会社の決算時点での業績に基づいて支給される「決算賞与」などがあります。

なお、賞与に関しては、年4回以上の支給を行なうと、社会保険上の「報酬」となり、社会保険料にも影響します。

一方で、**インセンティブ**は従業員個人の業績等への貢献に対して対価を与えるもので、支給は必ずしも「金銭」に限らず、表彰などの非金銭的なインセンティブを実施する企業もあります。最近では、飲食企業においてもＫＰＩを重視する企業が増えており、当社にも「毎月のＫＰＩ達成に応じて金銭的インセンティブを支給したい」というご相談があります。

こちらも前述したように、年4回以上の金銭的インセンティブの支給は社会保険料に影響するため、毎月のKPI達成状況を「**インセンティブポイント**」として加算し、年3回の賞与支給の枠内で、インセンティブポイントを賞与支給額に追加する運用方法をおすすめしています。

賞与支給金額の決定方法

賞与の金額を決定する方法は、主に次のようなものがあります。

①基本給連動型賞与

これは「基本給の何カ月分」と定めるもので、例えば夏季賞与1カ月、冬季賞与2カ月、年間合計3カ月といったものです。これも事業規模や地域、収益性等によって異なるので、一概には「何カ月が適正」とはいえませんが、数多くの飲食企業の状況を見てきた私の見解としては、中小飲食企業で賞与を支給している会社の場合は（実際には長引いたコロナ禍の影響により、賞与を支給できていない飲食企業が多い)、夏季、冬季合計で0・5カ月から1カ月程度を支給基準としている企業が多いようです。2カ月分を支給していると「多い」、3カ月を支給している企業は「かなり賞与支給条件が良い企業」といってよいかと思います。

②業績連動型賞与

名称通り、業績と連動して支給する賞与です。業績といっても定量的な成果だけではなく、評価制度における個人の評価結果を反映させる場合や、組織単位や所属部署の業績を反映させる場合もあります。

③決算賞与

決算賞与は、決算月の前後に支給される賞与です。業績によって支給の有無や金額が決定するという点では、②業績連動型賞与と近い性質のものですが、大きな違いは、業績連動型賞与は個人の成果等によって支給額が決定しますが、決算賞与は会社の業績によって支給の有無や支給額を決定する点です。

こうした一般的な賞与の概念を踏まえたうえで、佐々木社長と相談しながら賞与支給の基準を決定していきます。

三ツ井「ここまでは一般的な賞与の概要についてお話ししましたが、佐々木社長はどのような賞与支給を考えていきたいですか？」

佐々木社長「まず、支給回数に関しては正直、今までは不定期で会社の決算が10月なので、10月に業績によって支給していました。今後は最低でも年2回は支給をしたいと思います。

支給時期も6月末に夏季賞与、12月に冬季賞与を支給したいです。決算賞与に関しては、会社の業績次第で支給したいですが、まずは夏・冬の賞与支給をベースに考えていきたいと思います」

三ツ井「6月と12月に支給したいという理由は何ですか？」

佐々木社長「これは以前から感じていたことなのですが、毎年6月、12月になると、テレビで一般企業の夏季・冬季賞与に関するニュースが数多く流れます。うちのスタッフもこうしたニュースを見るたびに『うちの会社は賞与出ないのかな〜?』と考えているのと思うのです。この想いはスタッフの家族も同様かと思います。そういった意味では、これからは周りの一般企業と同じ時期に賞与支給をしてあげたいですね」

三ツ井「確かに最近の賃上げムードの中で、夏季・冬季賞与が以前より増えたといった報道を数多く目にするようになりました。実際に当社の支援先では、優秀なスタッフが『毎年夏と冬のボーナス時期に、奥さんから賞与がないことをチクチク言われて、夏・冬の賞与支給がある他の飲食企業に転職してしまった』という事例がありました。そうした意味でも、一般企業と同じ月に賞与を支給することは、定着率を高めるうえでも有効だと思います。支給の基準についてはどうですか?」

佐々木社長「やはり、スタッフのモチベーションを高めるうえでは、個人評価結果を反映させた業績連動型賞与を考えていますが、本音を言うと原資(キャッシュ)がないと支給できないので、支給額が見通しやすい基本給連動型賞与もいいかなと思っています」

三ツ井「わかりました。それでは基本給連動型賞与と業績連動型賞与、それぞれの良いところを反映させた支給ルールをつくりましょう!」

今回は佐々木社長のご意向を聞いたうえで、「基本給連動型賞与」と「業績連動型賞与」をかけ合わせた「**基本給&業績連動型賞与**」支給の制度を構築しました。

基本給&業績連動型賞与支給のステップは、次の通りです。

【基本給&業績連動型賞与支給のステップ】

①年間賞与支給総額目標を決定する

まずはじめに、会社として年間に支給する賞与の支給総額（原資）の目標を決定します。

佐々木社長の意向としては、まずは夏・冬合計で1・25カ月分を支給したいということでした。夏と冬の配分に関しては、夏が0・5カ月、冬を0・75カ月という支給基準にすることに決まりました。

②支給基準に評価結果を反映させる

これに関しては、さまざまな反映のさせ方があります。

(1)相対評価賞与支給方式

あらかじめ会社側で、賞与の支給総額に対して、評価結果の上位順にAランクが3名、Bランクが5名、Cランクが5名といったように枠を設け、この枠に応じて支給額を決めていく方法です。評価ランクによっての支給額の差がつけやすく、「高評価の人に多くの賞与を支給したい」という企業には有効な支給方法です。

(2)評価結果達成率支給方式

基本給に評価結果（達成率）をかけ合わせて、賞与を算出する方法です。算出した支給基準額の合計に支給調整率をかけて合わせて、賞与支給合計額（原資）の総額と同等となるように調整します。

この方法だと、「月給×○カ月」といった年間賞与支給総額と個人評価結果、両方の要素を盛り込んだ賞与支給額にすることが可能です。一方で、あくまでも給与を賞与支給額ベースとしているため、評価結果の優越による賞与金額の差は少なくなるという側面もあります。

佐々木社長「**確かに相対評価賞与支給方式は、頑張った社員に多くの賞与を支給できると**

図38 相対評価賞与支給方式と評価結果達成率支給方式

相対評価賞与支給方式

賞与支給ランク	賞与額	人数	総額
Aランク	250,000	3	750,000
Bランク	170,000	5	850,000
Cランク	100,000	5	500,000
合計		13	2,100,000

評価結果達成率支給方式

①	全社員月間給与合計	4,272,000
②	夏季賞与掛け率	0.5カ月
③	夏季賞与支給総額（原資）（①×②）	2,136,000
④	支給基準額合計	4,015,560
⑤	支給調整率（③÷④）	53.2%

氏名(仮名)	①給与	②評価結果	③支給基準（①×②）	④調整後支給額（③×53.2%）	⑤端数等調整後支給額
田中さん	250,000	98%	245,000	130,323	130,000
吉田さん	230,000	110%	253,000	134,578	134,000
山田さん	220,000	90%	198,000	105,322	105,000
佐竹さん	224,000	95%	212,800	113,195	113,000
佐藤さん	258,000	102%	263,160	139,983	139,000
鈴木さん	400,000	89%	356,000	189,367	189,000
吉岡さん	300,000	91%	273,000	145,217	145,000
松田さん	380,000	101%	383,800	204,155	204,000
小山さん	350,000	94%	329,000	175,005	175,000
村瀬さん	350,000	95%	332,500	176,867	176,000
西島さん	350,000	79%	276,500	147,079	147,000
森山さん	480,000	88%	422,400	224,688	224,000
西山さん	480,000	98%	470,400	250,220	250,000
合計			4,015,560	2,136,000	2,131,000

いった意味でいいかもしれませんね。ただ、私としては店舗や会社はチーム力が大切だと感じていますので、あまり個人成績で賞与に差をつけすぎるのは、少し抵抗があります。

また、今年は評価結果が良く、たくさん賞与が支給されたとしても、来年はどうなるかわからないという不安もあると思いますので、給与をベースとしていて、ある程度の賞与が見通せる評価結果達成率支給方式がいいかと思います」

今回、佐々木社長の会社では、月給ベースと評価結果を組み合わせた評価結果達成率支給方式を採用されましたが、どのような賞与支給基準を採用するのかは、企業の文化や目指すべき組織の方向性によって変わります。

当社の支援先の中には、賞与支給基準はＫＰＩの達成状況だけを見て決定するという企業もありますし、業績（定量評価）のみを考慮して支給する企業もあります。大切なのは、その企業にとって最良な支給基準を考え、構築・見直しを継続的に行なっていくことなのです。

06 評価制度説明会でスタッフに評価制度を公開する

佐々木社長「評価制度の構築はいったんできたかと思います。次はどんなステップになりますか?」

三ツ井「次は、スタッフへの評価制度説明会を開きましょう」

評価制度説明会では、今回構築した評価制度の内容をまとめた資料を用意し、スタッフに制度内容を丁寧に説明していきます。

初めて評価制度の内容を聞いたスタッフからは、当然ながらわからないことや不安なことなど質問がたくさん出てきます。こうした質問に関しては、説明会の場では質疑を行なわず、**説明会の最後にアンケートに各自の質問事項を書いてもらう**ようにします。理由は、スタッフの不安を増長させないためです。

評価制度に対してネガティブな意見がたくさん出ると、場合によっては、その場にいるスタッフたちに不安感が広がってしまいます。

佐々木社長の会社で行なった評価制度説明会の流れは、次の通りです。

【評価制度説明会の流れ】
①社長より評価制度導入の目的の説明
②評価制度の内容に関する説明
③今後の運用スケジュールの説明
④アンケートの説明

私はこの中でも、**特に、①の社長からの評価制度導入の目的の説明が重要**だと考えています。「評価制度で人に評価される」と聞くと、ネガティブなイメージを持つスタッフも多いため、冒頭で社長からポジティブなメッセージを送ることで、その後の評価制度の説明を受け入れやすくしておく必要があります。

今回、佐々木社長からスタッフへの説明では、「頑張るスタッフ全員を公平に評価した

図39 イラストなどを活用した説明会資料の例

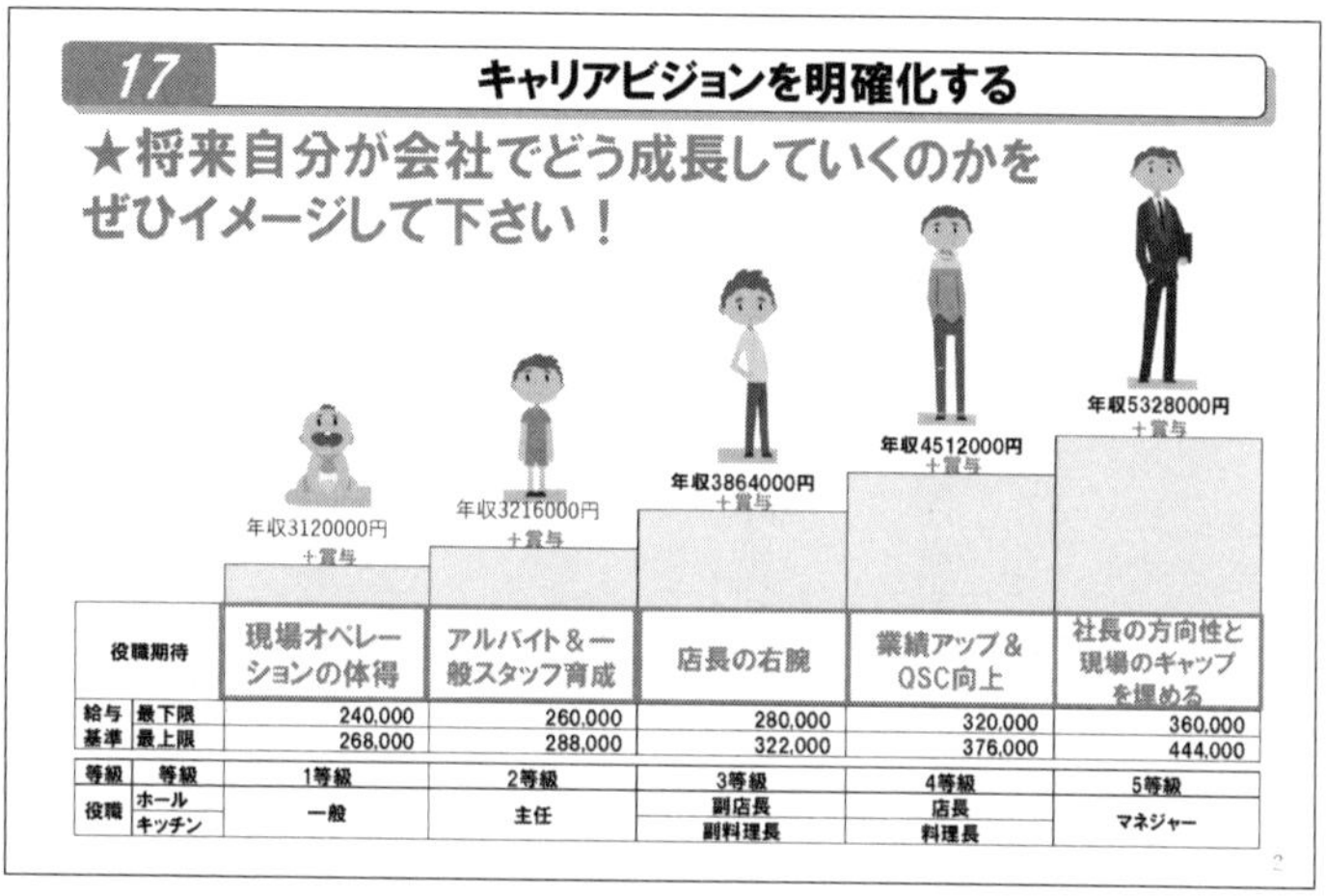

役職期待		現場オペレーションの体得	アルバイト＆一般スタッフ育成	店長の右腕	業績アップ＆QSC向上	社長の方向性と現場のギャップを埋める
給与基準	最下限	240,000	260,000	280,000	320,000	360,000
	最上限	268,000	288,000	322,000	376,000	444,000
等級	等級	1等級	2等級	3等級	4等級	5等級
役職	ホール	一般	主任	副店長	店長	マネジャー
	キッチン			副料理長	料理長	

い」「当社で働くことで自分の未来をイメージできるようにしたい」「皆で頑張って獲得した利益を正当に還元したい」といったメッセージを伝えてもらいました。

②の評価制度の内容に関する説明は、私が担当しました。説明の際に気をつけるべきことは、**できる限り難しい用語を使わず、スタッフ全員にわかりやすい表現を心がける**ことです。また、説明会資料には図やイラストを用いて、読みやすさも意識することが重要です。

③の今後の運用スケジュールの説明では、評価者研修、テスト評価の他に、年間を通じた評価スケジュールに関して説明を

しました。

ネガティブな意見は後日共有する

説明会終了後にアンケートを行なったところ、スタッフからは次のような質問があがりました。

「今まではこの会社に長くいると、どのようにステップアップしていくかイメージできていなかったけど、今回の評価制度説明会でキャリアビジョンを聞いて、将来をイメージできるようになりました」

「自分が何をしたら評価されるのかが明確になりました」

「自分の役職期待を見ることで、自分だけではなく部下に求めるべき内容も明確になりました」

こういったポジティブな意見があがった一方で、ネガティブな意見もありました。こうした不安に対しては、会社からの返答も添えたうえで、後日社内スタッフ全員に共有しました。

Q 予算未達成時などには、大きく給与が減ってしまうかが心配です。

A 最終的な評価は、予算といった定量評価だけではなく、日々の頑張りを評価する定性評価項目も加味して決定します。予算が未達成だからといって、それだけで大きく評価が下がることがないよう、説明会でもお話しした「ウエイト」で、各評価項目の影響度を調整します。

Q 自分の上長が普段、どこまで私のことを見てくれているかが疑問。そんな中で私の評価を一方的にされることに不安があります。

A 上長に関しては、正しい評価を行なえるように評価者研修を実施します。また評価結果に関しても、直属の上司だけではなく、全員の評価結果を査定会議で審査したうえで決定します。さらに評価後にはフィードバック面談を実施しますので、そこで評価結果についても一人ひとりに説明します。

図40 佐々木社長の会社の人事評価スケジュール

期間		決算	上期賞与（インセンティブ）	下期賞与（インセンティブ）	昇給	アワード（表彰式）
当期	4月		↑上期賞与考課対象期間↓			
	5月					
	6月					
	7月					
	8月					
	9月					
	10月		支給	↑下期賞与考課対象期間↓		
	11月					
	12月					
	1月					
	2月					
	3月	●				
翌期	4月			支給	昇給	
	5月				支給	アワード

このように不安に対する意見に対しても、しっかりと回答することで、評価制度に対する不安を払拭することが重要です。評価制度の説明が終わったら、次は全社員を対象としたテスト評価を行ないます。

これは実際の評価制度と全く同じ評価を行ない、評価フローに慣れてもらうと当時に、問題点がないかどうか、最終のチェックを行ないます。そのうえで問題がなければ、本評価を行ないます。

07 査定会議&フィードバック面談を行なう

本評価が完了したら、次は**査定会議**です。

査定会議では、全員の評価結果を一覧にして並べたうえで、評価者によって評価にバラつきがないかなどもチェックしていきます。さらに本章3項でも述べた特別評価なども検討し、最終の評価結果を確定させていきます。

決定した評価結果は、個人評価シートにしたうえで、このレポートを使いながらスタッフ全員に対して**フィードバック面談**を行ないます。評価制度においては、このフィードバック面談がとても重要です。

フィードバック面談では、定量・定性評価の結果について本人にフィードバックをしていきます。さらに特別評価があった場合には、特別評価の理由についてもフィードバックを行ないます。

今回、佐々木社長の会社では、社長自ら、全スタッフにフィードバック面談を行なうこととなりました。

トライアル評価でも協力してもらった小山店長のフィードバック面談では、私も参加させていただきました。

佐々木社長「小山さん、今回の成績としては、定量評価は売上高85％、原価率84％、人件費82％、定性評価は理念・行動指針95％、QSCチェック68％、KPI 56％、スキルチェック82％という結果でした。

理念やスキルチェックに関しては、小山さんは全スタッフの中でも一番の成績を達成してくれています。その他の評価に関してはまだまだ未達成な状況ですが、今期は人材不足の仕出し部門をかなり手伝ってくれたことも知っています。これは本当に助かりました。おそらく小山さんの手助けがなければ、仕出し部門はオペレーション崩壊をしていたと思います。

20XX年 4月度評価

⑥KPI	⑦ スキル チェック	⑧合計 (①〜⑧合計)	⑨特別 評価	⑩最終評価 結果 (⑧×⑨)	⑫ランク 判定
56.0%	82.0%	−	115%	90.6%	A
10.0%	5.0%	**100.0%**			
5.6%	4.1%	**78.8%**			

④給与

現給与	350,000	新給与	¥355,000

⑤スキルマップ

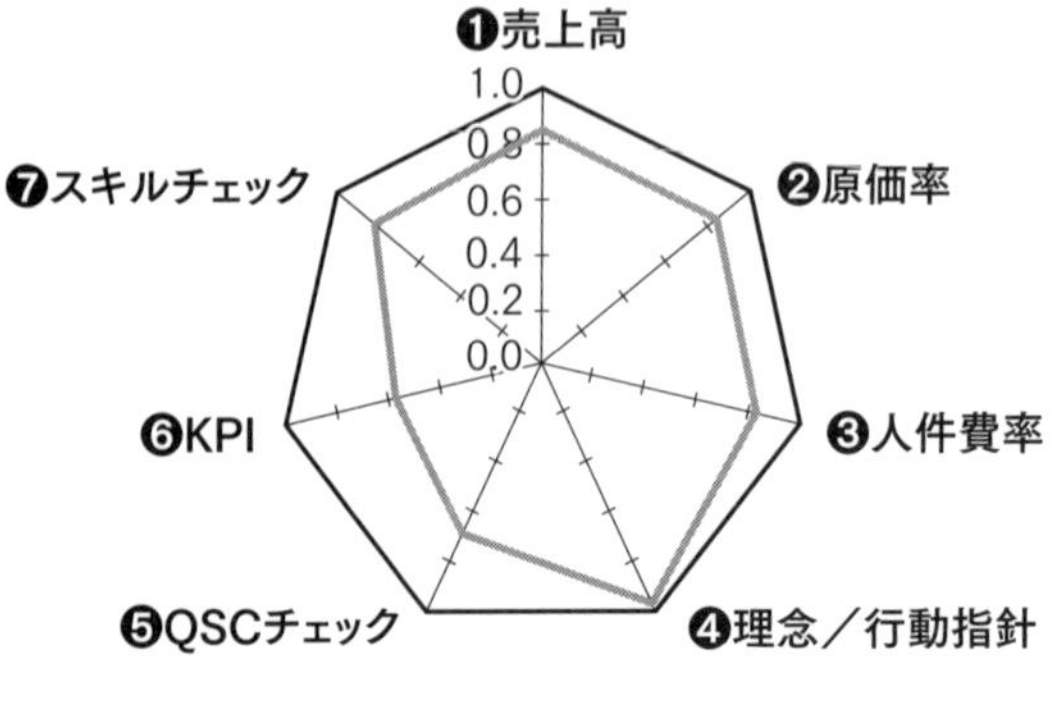

図41 個人評価シート

所属	和食店A	店名	小山哲平	役職	店長

①最終評価結果

項目	① 売上高	② 原価率	③ 人件費率	④ 理念行動指針	⑤ QSC チェック
A：実績	85.0%	84.0%	82.0%	95.0%	68.0%
B：役職ウエイト	20.0%	15.0%	20.0%	10.0%	20.0%
C：ウエイト後実績	17.0%	12.6%	16.4%	9.5%	13.6%

②役職ウエイト

役職	① 売上	② 原価	③ 人件費	④理念行 動指針	⑤ QSC	⑥ KPI	⑦ スキル	合計
ホール一般	15%	5%	10%	20%	20%	15%	15%	100%
キッチン一般	5%	15%	10%	20%	20%	15%	15%	100%
ホール主任	15%	5%	10%	15%	20%	15%	20%	100%
キッチン主任	5%	15%	10%	15%	20%	15%	20%	100%
副店長	20%	10%	15%	15%	20%	10%	10%	100%
副料理長	10%	20%	15%	15%	20%	10%	10%	100%
料理長	15%	20%	20%	10%	20%	10%	5%	100%
店長	20%	15%	20%	10%	20%	10%	5%	100%

③ランク判定基準

最終評価結果	ランク
105%以上	S
90%～104%	A
80%～89%	B
60%～79%	C
0%～59%	D

本来の評価はCランクで昇給はありませんが、仕出し部門への多大な貢献を加味して115%の特別評価を付与した結果、Aランクの評価となります。今回は5000円の昇給を実施します。今期は我々もサポートするので、自店舗の数値目標が達成できるように頑張っていきましょう！」

小山店長「ありがとうございます。正直、前期は自店舗の数値が悪いことも認識していましたので、厳しい評価も覚悟していました。そんな中で、仕出し部門のヘルプを特別評価してもらえたのはうれしかったです。ありがとうございます。仕出し部門もいったん落ち着いたので、今期は自店舗の数値目標達成に注力していきます。

特に達成率が低かったLINE会員獲得のKPIについては、アルバイトスタッフも巻き込みながら進め、全店で1位を取れるようにします！」

全スタッフの面談を終え、佐々木社長に感想を伺ってみました。

佐々木社長「今回、評価のフィードバック面談を通じて感じたのは、今まで自分が感覚でスタッフを評価してしまっていたということです。まだまだ修正していかなければならない部分もありますが、今回の評価制度を通じてスタッフを公平に評価することができるようになりました。

さらに評価制度を定めたことで、各スタッフが自分がやるべきことが明確になった点もとてもよかったと思います。今後は本部としても、各スタッフが目標達成できるように店長会議でアドバイスをしたり、社内、社外研修を行ないながら、人材育成にも力を入れていきたいと思います」

飲食店スタッフの離職理由を調べた調査結果によると、**「公平な評価がされていない」という離職理由が多い**ことがわかります。第1章でもお伝えしましたが、定着力を強化せずに採用を行なうことは、穴の空いたバケツに水をため続けることと同じです。まずは評価制度等を通じて**人が辞めない会社づくり**を行なうことが重要なのです。

第5章

定着率の高い飲食店のリーダーがやっていること

01 定着率をアップする飲食店リーダーの7つの力

ここまでは、主に評価制度についてお伝えしてきました。一方で、どんなに精度の高い評価制度を構築できたとしても、店長や料理長、マネージャーといった**現場を司るリーダーの人材マネジメント力が弱ければ、スタッフの定着力を高めることはできません。**

当社の支援先の現場でも、次のような声がよく聞こえてきます。

「店長がアルバイトスタッフのマネジメントが上手にできず、アルバイトがなかなか定着しない」

「料理長が昔気質の人で、若いスタッフの離職が続いている」

「新任マネージャーが、店長、料理長陣からの人望がなく、社長の方針がうまく各店舗に伝えられていない」

第1章でも述べた通り、飲食サービス業の離職率は26・8%（宿泊業も含む）と全業種の中で最も高い数値となっています。さらに、この離職理由を詳しく調べていくと、部下のスタッフは「上司との関係」に悩み、上司のスタッフは「部下のマネジメント」への悩みが離職理由になっているケースが多いことがわかります。**特に現場リーダー（店長、料理長、マネージャー）の「部下育成」に対する悩みは切実**です。

せっかく夢や希望を持って飲食店の現場リーダーになっても、部下育成に苦労や失敗をして退職を決意する。これが飲食業界全体で慢性的に起こっている問題です。では、なぜ飲食店のリーダーは部下育成に悩んでいるのでしょうか？

「その人がリーダーに向いていないから？」

いいえ、違います。その答えは、幼稚園から大学、専門学校でも、私たちは「部下の育て方」について、一度も学んだことがないからだと思っています。

それでは丸腰で戦うのと一緒です。飲食店経営の最前線である〝現場〟でリーダーとして丸腰で戦い、部下の育成やマネジメントに失敗して、心身ともに疲れ果てて辞めてしままう――。これが、飲食店が直面している大きな課題です。

一方で、数多くの飲食店の支援をしていると、仕事のスキルが高く、部下に尊敬され、高い定着率を実現している優秀なリーダー（店長・料理長・マネージャー）に出会うことがあります。

それでは、そんな優秀なリーダーとは、どのようなスキルを持った人なのでしょうか？

当社では、日本全国の支援先で、人を育てるのが得意なリーダーへのヒアリングや行動分析から、「**定着率を高められる飲食店リーダーの7つの力と35の行動指針**」として体系化しました。ここでは「7つの力」について説明していきます。

【定着力を高められる飲食店リーダーの7つの力】

①モラル力

モラルとは社会の一員として当たり前に守るべき価値観です。いくら仕事の能力が高くても、モラルが低いとスタッフから軽蔑されてしまいます。

スタッフに離職理由を聞くと、「店長がいつも誰かの悪口を言っていて嫌になった」「料

図42 定着率を高められる飲食店リーダーの7つの力

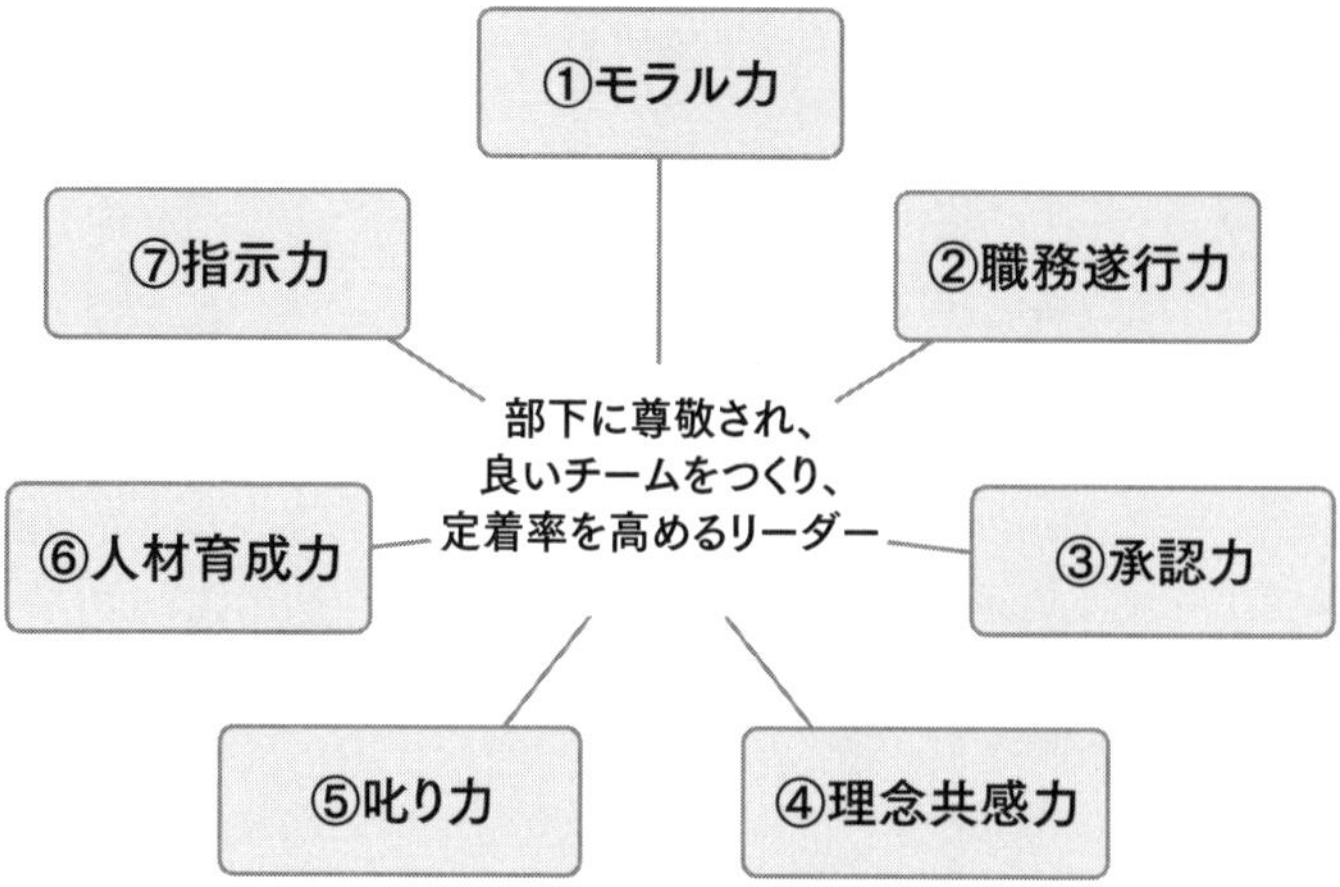

理長がお客様のことをバカにするような発言をしていて気分が悪い」といった、モラルに関する項目が意外と多いようです。

さらに、セクハラ、パワハラについても注意が必要です。

②職務遂行能力

リーダーは会社や上司から任された職務を遂行する力が求められます。リーダーの職務遂行能力が低いと、業務停滞を引き起こし、結果的に現場スタッフが急な仕事に追われるなど、負担が増加することになります。

「店長が売上予測に基づいたシフトを組めないので、現場のオペレーションが回らずアルバイトスタッフが疲弊している」「料理長が仕込みの段取りを組めないので、いつもオープン直前になってキッチン内がバタバタする」など、職務遂行能力が低いと、現場のオペレーションにも大きな影響が出てしまいます。

③承認力

リーダーには部下の考えや行動を認め、部下に安心感を与える力、すなわち承認力が求められます。一概には言えませんが、昔の飲食店は、「承認」よりも「厳しい指導」を重視してきた傾向があり、年配の飲食店リーダーは承認力に課題がある人も少なくありません。

承認力は細かく分けると、「1．結果承認　2．プロセス承認　3．行動承認　4．意識承認　5．存在承認」の5つに分類されます。承認力が高い飲食店のリーダーは、この5つの承認を上手に行なっています（詳しくは後述）。

④理念共感力

お店では育った環境や、価値観の異なるさまざまな個性を持った人たちが働いています。こうした仲間をひとつにまとめ、チームとしての一体化を実現するためには、姿勢や考え方を合わせる「共通言語＝経営理念」にリーダー自身が共感し、その理念をスタッフに伝えていくことが必要不可欠です。

スタッフを指導する際にも、理念に基づいた指導を行なうことで一貫性のある指導ができるようになります。「マネージャーは毎回言うことが違う」といった、あいまいな指導はスタッフの不満の原因となります。

⑤叱り力

リーダーは部下がミスをした際には、しっかりと叱ることも大切です。ただ、リーダーの中には「叱る」と「怒る」の区別ができていない人が少なくありません。

「怒る」というのは、相手が自分に悪い影響を与えたり、自分が指示した通りに動いてくれなかったりした場合に、自分が腹を立てたことを相手にぶつける言動。目的は「自分が怒っていることを相手に知らせたい」「相手を困らせたい」などで自分の目的が果たせればいいという考えです。

一方で、「叱る」というのは、相手が自分を含めて誰かに悪い影響を与えたり、自分が指示した通りに動いてくれなかったりした場合に、相手をより良くしようとする注意やアドバイスを、あえて声のトーンを低くしたり語気を強めたりして相手に伝える言動です。怒りに任せて部下を叱責しても、部下は育たないのです。

⑥人材育成力

優秀なリーダーとは、人が育てられるリーダーです。人材育成はとても難しいミッションですが、人材育成ができないとチームが成り立たず、リーダーは自分が本来やるべき業務に集中することができません。

また、優秀なスタッフほど「自分の職場は成長できる環境か否か」ということに働く目的を置いている傾向が強いため、リーダーの人材育成力が低いと、こうした優秀なメンバーが離職してしまう事態に陥りやすくなるのです。

⑦指示力

上司は日頃から部下に対して、さまざまな指示を出しますが、ただ闇雲に指示をしても部下は動いてくれません。本人のスキルレベルを把握し、本人のマインド（心の状態）も加味したうえで、どうしたら部下が動いてくれるかを考え、指示の仕方を工夫することが重要です。

まれに部下が〝いっぱいいっぱい〟の状態にもかかわらず、次々と新たな指示を出すような飲食店リーダーを見ますが、こうした指示の出し方では部下が参ってしまい、離職リスクが高くなります。

優秀なリーダーを育てていくうえでは、会社や上司はこの7つを意識したうえでリーダーの指導を行なうことが重要です。

02 35の行動指針で分析する、部下がついてこない店長の要因

事例 関西で居酒屋等を10店舗経営している前田社長

当社の無料経営相談窓口にご相談くださったのは、関西エリアで居酒屋を中心に10店舗の飲食店を展開する前田社長（仮名）です。

前田社長の会社には10店舗を統括する1名のマネージャーと、店長、料理長、主任等の現場リーダークラスのスタッフが合計20名在籍しています。

前田社長「私自身がどちらかというと元々職人気質な人間でして、今までは『先輩の背中を見て仕事を覚えろ！』といったマネジメントを主流にしてきました。そのせいか、

現場リーダーも丁寧に仕事を教えるというよりは、私と同じく『背中を見て覚えろ！』と考える人間が多くいます。

現場リーダーは皆、仕事の能力は高いですし、以前はこのやり方でもさほど問題は感じなかったのですが、最近は若いスタッフを中心に離職が続いていて、そろそろ会社として人材育成の方針を決めたり、やり方を変えていかないといけないと思っています。

ただ、何から始めていいのかわからず、相談をさせていただきました」

その後、実際に前田社長にお会いして、組織やスタッフの状況を詳しく伺いました。そして、前項の「定着率をアップする飲食店リーダーの7つの力」と、それらをさらに細分化した「35の行動指針」について、グループワークなどを通じて学ぶ研修を提案しました。

私は、研修の最初に、**「35の行動指針診断」**を全員に受けていただくことにしています。診断を受けることで、**本来あるべき「部下マネジメントの正しい考え方ややり方」**を認識してもらうと同時に、**自分に何が足りていないのかを自覚**してもらうのです。

なお、この診断は、基本的には自己評価で行なってもらいますが、希望があれば自己評

1	2	3	4	5	6	7	8	9	10	11	12	13	14	15	16	17	18	19	20	
Aさん	Bさん	Cさん	Dさん	Eさん	Fさん	Gさん	Hさん	Iさん	Jさん	Kさん	Lさん	Mさん	Nさん	Oさん	Pさん	Qさん	Sさん	Tさん	Uさん	平均
3	2	3	3	2	3	3	3	2	3	3	2	2	3	3	3	3	2	1	3	2.60
3	3	3	3	3	3	2	3	3	3	2	3	3	3	3	3	3	3	3	3	2.90
2	3	2	3	2	3	2	3	3	3	2	1	2	3	3	1	3	3	3	2	2.45
3	2	1	1	2	2	1	2	2	2	2	2	2	2	2	1	2	2	2	2	1.85
2	3	3	3	2	3	3	3	2	2	3	2	3	2	3	3	3	3	3	3	2.70
13	**13**	**12**	**13**	**11**	**14**	**11**	**14**	**12**	**13**	**12**	**10**	**12**	**13**	**14**	**11**	**14**	**13**	**12**	**13**	**12.50**
3	3	2	2	2	2	3	2	2	2	3	2	2	3	2	2	2	3	2	3	2.35
3	3	2	2	2	2	3	2	2	2	1	1	3	3	2	2	2	2	1	3	2.15
3	3	2	2	2	2	3	1	2	2	2	2	2	3	2	3	1	3	2	2	2.20
3	3	2	2	2	1	3	2	1	2	1	1	3	3	2	3	1	3	1	2	2.05
2	2	2	2	2	1	2	1	1	2	2	2	2	3	2	2	2	3	1	3	1.95
14	**14**	**10**	**10**	**10**	**8**	**14**	**8**	**8**	**10**	**9**	**8**	**12**	**15**	**10**	**12**	**8**	**14**	**7**	**13**	**10.70**
2	2	2	2	2	2	1	2	2	2	1	2	1	2	2	2	2	2	3	2	1.90
1	1	2	2	1	2	1	2	2	2	2	2	1	2	2	2	2	1	1	2	1.65
1	1	2	2	2	2	1	2	1	2	1	2	1	2	2	2	1	2	0	2	1.55

図43 定着率を高められる飲食店リーダーの7つの力と35の行動指針（個人結果）

1. モラル力	【1. 始業時刻・指定時刻の5分前には準備ができている】遅刻をする上司なんかもってのほか。仕事は準備・段取りですべてが決まります。
	【2. 業者さん等にも丁寧に対応している】業者さんに横柄な態度を取る人は信用されません。
	【3. 制服にシミやシワがなく、職場にふさわしい服装で出勤していいる】身だしなみは社会人の基本です。常にお客様や部下からつま先から頭のてっぺんまで見られていることを忘れずに。
	【4. 人の悪口を言わない】本人は気づいていませんが、悪口を言うときの表情や口調、態度は、周りの人に傲慢さや暴力性を感じさせます。
	【5. 常にお客様を優先する持ちで発言している】会話の中でお客様をバカにするような発言をしていませんか？　こうしたマインドは必ずお店の中に伝染していきます。
	小計
2. 職務遂行能力	【6. 上司から催促される前に中間報告をしている】上司に対して、仕事の「ほう・れん・そう（報告・連絡・相談）」をしっかりとできていますか？　あなたができないことは部下もできません。
	【7. 計画的に仕事を進めている】常に計画的に仕事を進めることを意識をしていますか？　後手後手では良い仕事はできません。
	【8. 自身に任された仕事に対して、期待された以上のクオリティを目指している】「これくらいでいいや」というスタンスでは一向に成長しません。常に少し背伸びをした仕事で成果を出すことが自己成長につながります。
	【9. 予算達成に向けて、自ら具体的なアクションを行なっている】予算達成（売上、原価、人件費等）に向けて、上司から言われる前に、自ら具体的なアクションを起こすことが求められます。
	【10. 自身が行なった取り組みに関して、反省と改善のサイクルを回せている(PDCA)】やりっぱなしでは成長できません。自分のアクションに対して、常にPDCAの意識を持って取り組むことが求められます。
	小計
3. 承認力	【11. 元気よく笑顔で挨拶ができている】挨拶時の印象が悪いと、相手に機嫌が悪いと思わせ、委縮させてしまいます。
	【12. 感謝を伝える】いつも部下に対しては「感謝」の気持ちを持ち、さらに感謝を伝えます。一人では決して何もできないことを認識します。
	【13. 本気で褒める】褒めるときは、良い点を本気で伝えることが大切です。なお褒める際には、最終結果だけではなく、その結果に至る前のプロセスも褒めてあげることが重要です。

1	2	1	2	3	2	1	1	1	2	3	2	1	1	2	3	1	2	2	2	1.75
2	2	2	2	2	3	1	2	2	2	3	2	1	1	2	3	3	2	2	1	2.00
7	**8**	**9**	**10**	**10**	**11**	**5**	**9**	**8**	**10**	**10**	**10**	**5**	**8**	**10**	**12**	**9**	**9**	**8**	**9**	**8.85**
3	2	3	2	3	1	1	2	2	2	2	2	2	2	1	3	2	3	2	2	2.10
2	2	3	3	3	2	1	2	2	2	2	2	2	3	1	3	2	3	2	1	2.15
1	1	1	1	1	1	1	1	0	1	1	2	1	2	0	3	1	1	1	2	1.15
3	2	1	2	1	2	0	1	0	2	1	2	1	3	1	3	1	3	1	1	1.55
3	1	3	1	3	1	0	2	2	2	2	3	1	3	1	3	1	3	2	2	1.95
12	**8**	**11**	**9**	**11**	**7**	**3**	**8**	**6**	**9**	**8**	**11**	**7**	**13**	**4**	**15**	**7**	**13**	**8**	**8**	**8.90**
2	2	2	2	2	2	1	0	2	2	2	2	3	2	1	2	1	2	2	1	1.75
1	2	3	2	1	2	1	3	3	3	3	1	2	3	2	2	1	2	3	1	2.05
2	2	3	2	1	2	1	2	2	2	2	2	3	2	1	2	2	3	3	1	2.00
3	2	2	3	1	3	1	2	2	2	3	1	2	2	1	2	2	1	3	1	1.95
2	2	2	3	1	3	1	3	1	3	1	3	3	1	1	3	1	3	1	1	1.95
10	**10**	**12**	**12**	**6**	**12**	**5**	**10**	**10**	**12**	**11**	**9**	**13**	**10**	**6**	**11**	**7**	**11**	**12**	**5**	**9.70**
2	2	3	2	2	3	2	2	2	2	3	2	2	2	2	2	2	3	2	2	2.20
2	2	1	1	1	2	1	2	2	2	2	2	3	2	2	3	2	3	2	2	1.95
2	2	1	1	2	2	1	1	2	2	1	2	2	2	2	3	2	1	0	3	1.70
3	2	2	2	3	3	2	3	2	2	3	2	3	3	2	3	2	1	1	2	2.30

3. 承認力	【14. 相談する】お店の運営方針や、部下とともに実現したい未来、部下の成長目標など一方的に伝えるのではなく、部下に相談することで、部下は「自分は認められている」と感じます。
	【15. 一緒に考える】部下が任せた仕事で悩んでいるときなどは、課題の解決に向けて寄り添い、一緒に考えてあげることが大切です。突き放すような言動は部下を失望させます。
	小計
4. 理念共感力	【16. 会社の理念の目的、意味を理解できている】理念とは元来価値観が違う人たち（部下）と一緒に働くうえで、仕事に対する姿勢や考え方を合わせ、仕事を円滑に進めるための「共通言語」です。
	【17. 会社の理念をすべて暗記できている】まずは会社の理念をすべて覚えることが大切。覚えていないと、理念をベースに物事を考えることはできません。
	【18. 定期的に理念を部下に伝えている】理念は一度伝えただけでは浸透しません。定期的なミーティング等で理念について考える機会を設けることが大切です。
	【19. 常に理念に基づいた発言を意識できている】部下の行動を諭す際などには「理念」をベースに話をすることを常に意識することで、指導の一貫性が出ます。
	【20. 社外の人に自社の理念を自信を持って伝えられる】友人や知人等から自社について質問をされた際に、自社の理念等を自信を持って伝えることができるか。
	小計
5. 叱り力	【21.「怒る」のではなく「叱って」いる】「怒る」のは自分自身の感情の高ぶりを解消するために行なう行為。「叱る」のは100％相手のことを思って行なう行為。
	【22. 怒りの鎮め方を知っている】「自分が怒っている」ということに気づき、「叱る」モードに切り替えるため、怒りの感情を沈める方法を知っておきましょう。
	【23. 叱る対象は「相手の行動」のみにしている】「おまえはできない奴だ！」など、その人の人間性ではなく「行動」や「結果」だけを叱ることが大切。
	【24. 適切な場所で叱っている】「叱る」ときはできる限り2人のときに、「ほめる」ときはできる限り多くの人の前で、が基本です。また、お客様の前で叱るのもNG。
	【25. 叱った後のフォローをしている】叱った後はしっかりとフォローをすることが大切。いつまでも不機嫌な雰囲気を出していると部下は参ってしまいます。
	小計
6. 人材育成力	【26. 部下の仕事のスキルレベル、長所、短所などに興味を持ち、冷静に分析できている】まず「部下の特性を知る」ことが大切。感情的にならず、冷静に部下のタイプを分析することが重要。
	【27. 定期的に部下の目標を設定している】部下と一緒に目標を設定し、その目標達成をサポートするスタンスが重要です。
	【28. 面倒くさがらずに、相手のペースに合わせて、お手本を見せたうえで、丁寧に仕事を教えている】こちらからの一方的なタイミング、速度で仕事を伝えるだけでは、部下は育ちません。
	【29. 部下の成長を一緒に喜ぶ】部下が新たにできるようになったことを明確に本人に伝えたうえで、一緒に喜ぶことが大切。

3	2	1	3	1	1	1	2	2	2	2	2	2	2	1	3	2	2	2	2	1.90
12	**10**	**8**	**9**	**9**	**11**	**7**	**10**	**10**	**10**	**11**	**10**	**12**	**11**	**9**	**14**	**10**	**10**	**7**	**11**	**10.05**
2	2	2	2	3	3	2	2	2	2	2	2	2	3	2	3	2	2	2	3	2.25
2	3	3	2	2	3	2	1	2	2	2	2	2	3	1	3	1	3	2	2	2.15
2	2	3	3	2	3	1	2	1	2	1	2	3	2	2	1	1	2	2	2	1.95
2	2	2	2	1	1	1	1	1	2	2	2	2	2	1	3	1	3	2	3	1.80
2	2	2	2	2	2	0	2	2	2	2	2	2	2	1	3	1	2	2	2	1.85
10	**11**	**12**	**11**	**10**	**12**	**6**	**8**	**8**	**10**	**9**	**10**	**11**	**12**	**7**	**13**	**6**	**12**	**10**	**12**	**10.00**
78	**74**	**74**	**74**	**67**	**75**	**51**	**67**	**62**	**74**	**70**	**68**	**72**	**82**	**60**	**88**	**61**	**82**	**64**	**71**	**70.70**

	【30. 部下の努力がどれだけ役立っているか（お客様やお店や会社等）を伝える】部下の行なった仕事に関してはただ褒めるだけでなく、チームや店舗、お客様への貢献度を伝えてあげることも大切です。
	小計
7.指示力	【31. 威圧的にならないよう配慮したうえで、期日を設定して仕事を行なわせている】期日がない仕事は優先順位が低くなり忘れられがちです。かといって期日がプレッシャーになりすぎないよう配慮した設定をすることが重要です。
	【32. 指示を出す際に、会社都合や自分都合ではなく、その仕事の本質的な目的や意義をしっかり伝えられている】部下は意味のない仕事や作業を嫌がります。指示をする際にはその業務の目的をしっかりと伝えることが大切です。
	【33. 指示の最後に「(あなたなら) できるよ、やれるよ」などの肯定用語を伝えている】「できそう感」は仕事のモチベーションを上げるうえでとても重要です。指示の最後に肯定用語を入れることを忘れないでください。
	【34. 指示した業務に関しては、丸投げではなくしっかりと観察、フォローできている】部下に指示を出した業務に関しては、経過をしっかりと観察し、困っていること等を定期的に聞いてあげるスタンスが重要です。
	【35. 本人の状態（スキル、マインド）に応じて、指示する仕事のボリュームや内容をコントロールしている】本人の状態を無視して仕事の指示をすると、オーバーワークやモチベーションの低下につながります。
	小計
	合計

価だけでなく、部下に上司をチェックしてもらう、いわゆる**360度評価（多面評価）**を行なう場合もあります。ただ、360度評価は結果によっては、本人に精神的ショックを与えてしまう場合があるので、実施には注意が必要です。

今回、前田社長の会社では、本人評価のみで診断を実施してもらいました。

前田社長の会社の診断を行なった結果、7つの力のうち、③承認力、④理念共感力、⑤叱り力が他のカテゴリーに比べて低いことがわかりました。

一方で、前田社長が「リーダーは皆、仕事の能力は高い」とおっしゃっていた通り、①モラル力と②職務遂行の能力は高い結果となりました。

三ツ井「前田社長、今回の診断結果を見てどう思われましたか？」

前田社長「私も実際に診断を行ないましたが、リーダーたちと同じく、③承認力、④理念共感力、⑤叱り力が弱い結果となりました。

あと気になったのは、今回、最も得点が低かったGさんの結果です。彼はうちの基幹店の店長なのですが、実は彼の店舗が一番離職が多くて困っています」

図44 定着率を高められる飲食店リーダーの7つの力と35の行動指針（前田社長の会社の例）

1. モラル力	12.5
2. 職務遂行能力	10.7
3. 承認力	8.85
4. 理念共感力	8.9
5. 叱り力	9.7
6. 人材育成力	10.05
7. 指示力	10.0

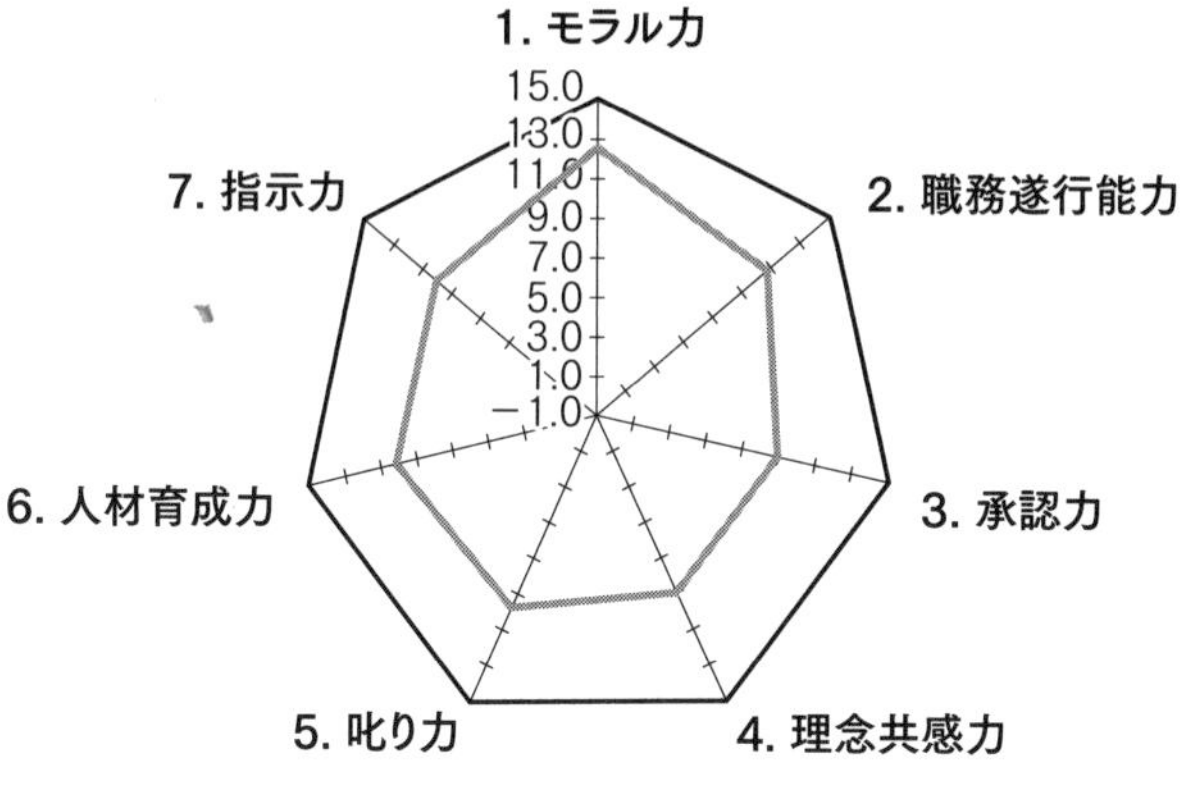

三ツ井「確かに、Gさんの得点は全員平均の70・7点を大きく下回る51点で、スタッフの中では最下位となっています。一方で、②職務遂行能力は93・33％で、かなり仕事ができるリーダーのようですね」

前田社長「そうなのです。現場のオペレーションや計数管理などは完璧にこなしてくれています。ただ、本人が仕事の能力が高すぎるせいか、他のスタッフや部下にも完璧を求めてしまう傾向があり、その重圧に耐えかねて辞めてしまうスタッフが多いのも事実です」

今まで多くの飲食店のリーダーに対して今回の分析を行なってきましたが、飲食店ではGさんのように「仕事のスキルは高いが、部下育成が苦手」という人によく出会います。こうしたスタッフは、前項で述べたように、「部下育成に向いていない」というよりは、「正しい部下育成のやり方を知らない」場合が多いのです。

Gさんの診断結果もそうでしたが、特に③承認力、④理念共感力、⑤叱り力が弱いと、なかなか部下がついてきてくれません。この3つの力について、次項からさらに詳しくお話ししていきます。

図45 Gさんの診断結果

実施日	2023年3月15日
受講者名	Gさん

区分	達成率	組織平均
1. モラル力	73.33%	83.33%
2. 職務遂行能力	93.33%	71.33%
3. 承認力	33.33%	59.00%
4. 理念共感力	20.00%	59.33%
5. 叱り力	33.33%	64.67%
6. 人材育成力	46.67%	67.00%
7. 指示力	40.00%	66.67%
合計	48.57%	69.52%

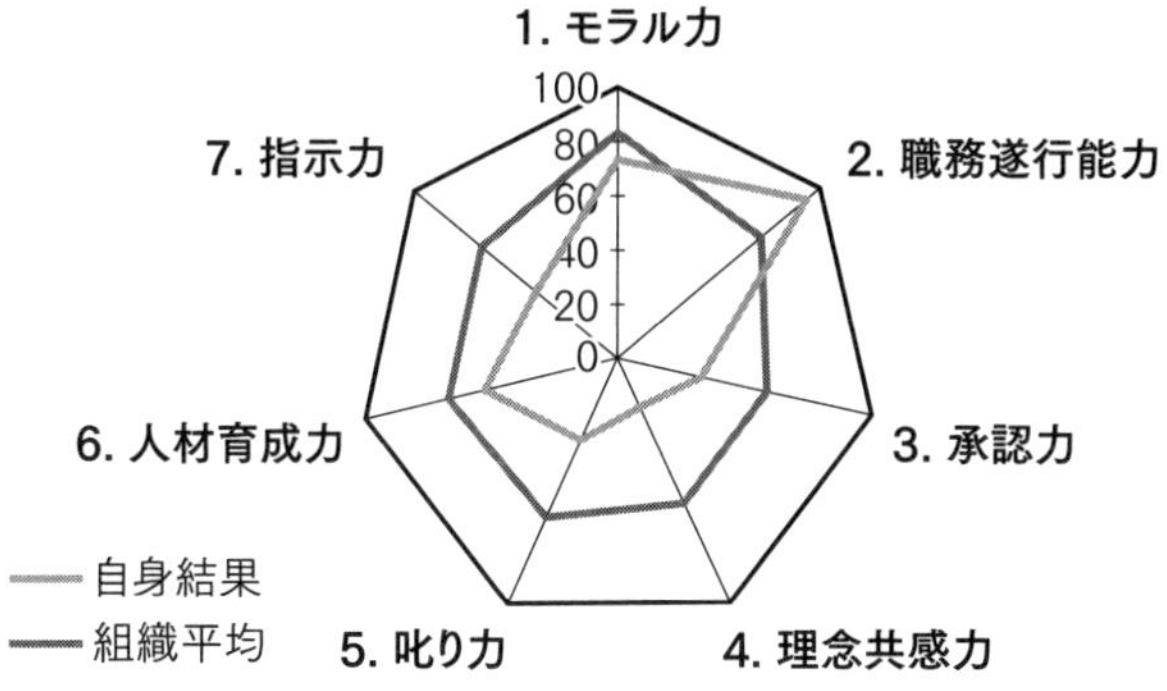

図46 定着率を高められるリーダー育成研修の様子

グループワークで部下育成の悩みを話し合う

※画像は前田社長の会社とは関係ありません。

03 部下に慕われるリーダーがやっている5つの承認

飲食店のリーダーの中には、Gさんのように職務遂行能力は高い一方で、部下育成が苦手だという人が意外と多いようです。こうしたリーダーに共通する特性として、「**承認力**」が低い傾向があります。

承認力とは、部下の行動や仕事ぶりを認めてあげる力です。本項では、飲食店のリーダーに必要な「**部下に慕われるリーダーがやっている5つの承認**」についてお伝えしていきます。

【部下に慕われるリーダーがやっている5つの承認】

①結果承認

例えば、部下が売上やKPIの目標等を達成した際に、その結果や成果を褒めて承認す

図47 部下に慕われるリーダーがやっている5つの承認

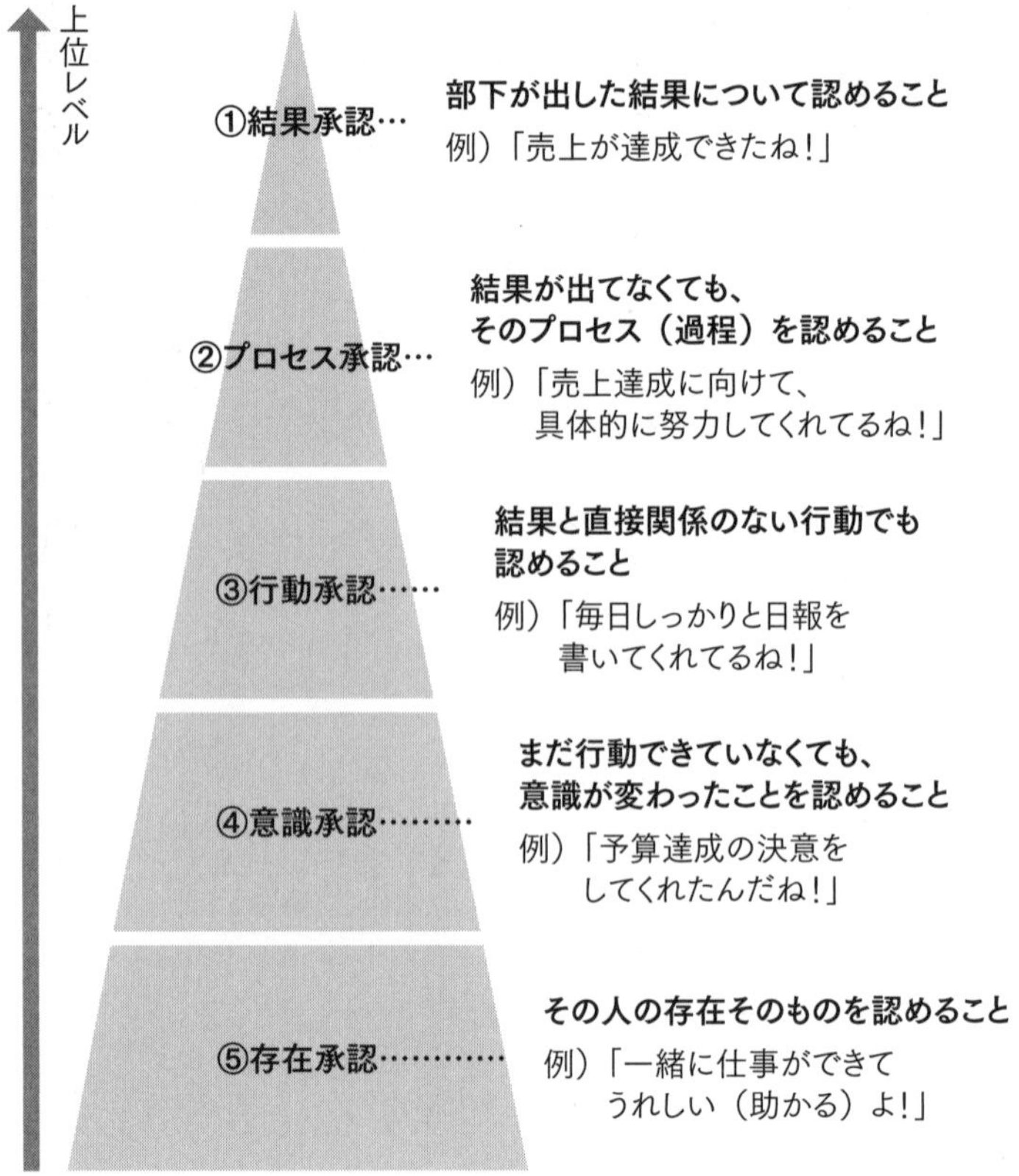
上位レベル
①結果承認…
部下が出した結果について認めること
例）「売上が達成できたね！」
②プロセス承認…
結果が出てなくても、
そのプロセス（過程）を認めること
例）「売上達成に向けて、
具体的に努力してくれてるね！」
③行動承認……
結果と直接関係のない行動でも
認めること
例）「毎日しっかりと日報を
書いてくれてるね！」
④意識承認………
まだ行動できていなくても、
意識が変わったことを認めること
例）「予算達成の決意を
してくれたんだね！」
⑤存在承認…………
その人の存在そのものを認めること
例）「一緒に仕事ができて
うれしい（助かる）よ！」

ることです。部下も結果を承認してもらえたことでモチベーションが高まるので、結果承認自体は良いことですが、一方で結果承認だけだと、その過程＝プロセスに対する承認がないため、「また次回も結果を出さない限り、承認してもらえないのでは」というプレッシャーを与えてしまうという側面もあります。

②プロセス承認

①の結果承認が成果や結果のみを褒め、承認するのに対して、プロセス承認はまだ結果が出ていない部下の取り組みであっても、その過程＝プロセスを承認します。例えば、客単価アップに向けて、ドリンクのおすすめを頑張っていることを承認するなどです。

仕事で成果や結果を出すためには、その過程であるプロセスを継続することが必要です。そういった意味でも、プロセス承認を行なうことで部下のモチベーションを高め、プロセスを継続させることが結果を出すうえでは重要なのです。

③行動承認

行動承認とは、リーダーが定めるお店や部下個人の目標とは直接関係のない行動を褒め、承認することです。例えば、「毎日きちんと日報を書いている」「率先して、お店の掃除をしている」「シフトが足りないときに、穴埋めをしてくれる」などの行動がこれに当たります。

こうした行動承認は、部下のモチベーションを継続的に高める効果があります。

④意識承認

意識承認とは、部下が、まだ行動には起こせていないが、これまでとは違った行動を起こそうと本人の意識が変わった際に褒め、承認することです。

例えば、店舗ミーティングで「今後はお店の清掃を頑張る!」と発言してくれた、「シフトが足りないときには、率先して入るようにします!」と言ってくれた、など意識の変化があった際に褒め、承認します。

⑤存在承認

存在承認とは、部下の存在そのものを認めてあげることです。例えば、アルバイトスタッフに「○○さんがお店にいてくれると、雰囲気が明るくなるね!」と声をかけたり、自分の右腕の部下に「困ったときは○○さんに相談できるので、私も助かっている」などを伝えることです。

「私はしっかりと部下を承認しています！」と思っている人でも、実際は①の結果承認しかできていない人が多いようです。

当社の支援先等で部下に慕われているリーダーの行動を分析すると、自身の承認の傾向を自覚したうえで（意外と「結果承認」しかしていない人が多い）、アルバイトやパート、新人スタッフには「存在承認」を意識し、仕事ができる社員には「結果承認」で成長意欲を高めるといったように、**5つの承認を部下のレベルや特性によって上手に使い分けていることがわかりました。**

特に飲食店は、アルバイトスタッフの人数が多いビジネスモデルです。アルバイトスタッフに対しては、⑤の存在承認も意識して行なっていくことがおすすめです。

04 経営理念を共通言語にする

前田社長の会社の組織診断では、理念共感力が低いことも課題としてあがりました。これは前田社長の会社に限らず、多くの飲食業に共通する課題でもあります。経営理念の重要性や構築の仕方等に関しては第2章でもお話ししました。

前田社長「うちの会社では、2年前に〝食を通じて地域貢献と社員の幸せを実現する〟という経営理念を掲げたのですが、現実的にはこの理念はあまり現場には浸透していないように感じます。

大変お恥ずかしいのですが、実は、私自身も経営理念の重要性がいまいち理解できていないのかもしれません。2年前に経営理念を策定する前までは、私自身が〝理念で飯が食えるか！〟なんて思っていたものですから、今回課題となっているG

店長も、そういう考え方が染みついているのかもしれません」

私は、経営理念が浸透していないことで会社がダメになるとは決して思っていませんが、飲食店経営における経営理念とは、**その会社で働くスタッフたちの「共通言語」であると**思っています。

飲食店には本当にさまざまなタイプの人間が働いています。当然ながら、考え方も人それぞれです。こうしたさまざまな考え方を持つ部下をまとめ、店舗の目標に向かってチームをつくっていく飲食店のリーダーの仕事はとても大変なものです。このさまざまな部下とコミュニケーションを取るうえでの共通言語が経営理念なのです。

三ツ井「前田社長、一度、店長、料理長、マネージャーを交えて経営理念について考えるミーティングをやりませんか?」

前田社長「そうですね。経営理念は2年前に設定したものの、それっきりになってしまっていたので良い機会かもしれません」

そうして、前田社長の会社のリーダーたちを交えたミーティングを行なうことになりました。そこで私は、次のような質問をしました。

質問1「自社の経営理念には〝食を通じた地域貢献〟という言葉がありますが、皆さんにとっての〝食を通じた地域貢献〟とは、どのようなことが考えられますか?」

質問2「自社の経営理念には〝社員の幸せ〟という言葉がありますが、皆さんにとっての〝幸せ〟とは、どのようなことが考えられますか?」

この2つのテーマについて、まずは各自にセルフワークで考えを書いてもらい、その後、5名のグループで自分の考え方を発表するグループワークを行なってもらいました。

グループワークを終えたリーダーたちにアンケートを行なうと、次のような意見がありました。

「同じリーダーでも、考え方にここまでの違いがあるとは思わなかった」
「初めて自社の経営理念について考えたが、自分たちが働く目的について考えさせられた」

私は、このように理念について皆で議論をして考える時間が大切だと考えています。今回はリーダーたちだけで議論をしましたが、こうしたミーティングは店舗のアルバイトスタッフが参加する店舗ミーティングでも行なうべきだと思います。

価値観の違う人間同士が、同じ目標に向かって一緒に働くことは容易ではありません。こうした中で、考え方の指針＝共通言語である経営理念を軸として指導を行なうことで、初めてリーダーの指導にも一貫性が出てきます。

前田社長「三ツ井さん、今回は私もグループワークに入り、理念について皆で議論をしましたが、各リーダーの考え方の違いもわかりましたし、私自身も自社の経営理念に対しての理解が深まりました」

――経営理念を浸透させる工夫を続けよう

前田社長の会社では今後、リーダーを中心に、経営理念を全スタッフに浸透させていくため、いつでも携帯できる名刺サイズのカードに経営理念と行動指針を印刷した「**クレドカード**」を作成することになりました。各店舗が月に1回行なっている店舗ミーティング内でクレドカードを使って、経営理念や行動指針について考える時間を設けることにしたのです。

経営理念は、つくっただけで組織に浸透するということは絶対にありません。継続的に経理理念について語り、考える時間を設けることが重要なのです。

05 部下が辞めない叱り方をマスターする

現場リーダーは、時には部下に対して厳しく指導する必要があります。しかし、ただ闇雲に部下に怒りをぶつけていては、当然ながら部下のモチベーションが大きく下がり、上司の指導内容も耳に入らなくなってしまいます。

部下を指導する際には**「怒る」のではなく「叱る」必要がある**のですが、この「怒る」と「叱る」の違いがわからず、無意識のうちに「怒る」を連発してしまっている飲食店リーダーは少なくありません。

「怒る」と「叱る」の違いについては、本章1項でも述べました。

「怒る」というのは、部下が周りに対して悪い影響を与えたり、自分の指示した通りに動いてくれなかったときなどに怒鳴ったり、自分のイライラを部下にぶつけて「自分が怒っ

図48 「怒る」と「叱る」の違いチェックシート

怒る	叱る
感清的に	理性的に
自分のために	相手のために
過去に焦点を当て	未来を見据えて
怒りと勢いで	愛と勇気で
自分の言いたいように	相手に伝わるように
感情に任せて	試行錯誤しながら
相手を批判するように	相手を認めながら

ていることを部下に伝えたい」「部下を困らせてやりたい」など、あくまでも「**自分の目的を果たすため**」にする行為です。

一方で「叱る」というのは「**部下の成長を促進するため**」の行為で、部下をより良くしたい、成長させたいという想いから、あえて声のトーンを低くしたり、少し語気を強めて部下に伝えます。

上司は、「どのようにしたら部下に伝わるか?」ということを考え、施行錯誤しながら叱る創意工夫が必要になります。自分では叱っているつもりでも、気がつくとヒートアップして怒ってしまっているといったケースもあります。そんなときは、上記のチェックシートを使って、自身の指導を振り返ってみてください。

06 部下の〝ビックリ退職〟を防ぐ 1on1ミーティング

皆さんは「**1on1ミーティング**」という言葉を聞いたことがありますか？ 1on1ミーティングとは、上司と部下が定期的に行なう1対1のコミュニケーションです。

店舗（個人）目標に向けた進捗面談や人事評価面談といった「業務面談」は、上司（会社）側から一定の決められた内容に関して行なうのが一般的です。一方で1on1ミーティングは、「部下のために行なう」ということを主軸としており、業務以外の相談なども含まれます。最近では、当社の支援先でも1on1ミーティングを取り入れる飲食店が増えてきています。

【1on1ミーティングを行なうメリット】

①部下の気持ちがすっきりして、次のチャンレジに向かって前向きに行動できる

人間は誰しも心が「プラス」の状態でないと、なかなか新しいチャレンジや行動ができません。1on1ミーティングは部下の話を聞くことで、部下の気持ちをすっきりさせる効果があります。

②部下との距離が縮まり、信頼関係が増す

通常の面談は上司が部下を評価する側面が強いため、話をする部下にも一定の緊張感が伴います。一方で1on1ミーティングは、仕事やプライベートのことなどをざっくばらんに話すため、対話を通じてお互いの信頼が強くなる効果が期待できます。

③〝ビックリ退職〟が減る

当社の支援先では、普段から1on1ミーティングを継続して行なうことで、「相談しやすい上司」という信頼関係を築くことができ、部下が突然辞めると言い出す、いわゆる〝ビックリ退職〟が激減しました。

――1on1ミーティングを効果的に行なうための4つのポイント

1on1ミーティングには、前記のようなメリットがあります。ただ、1on1ミーティングを効果的に進めるためには、いくつか注意すべきポイントがあります。

Point1 目的を説明して日程を決める

○○さんが今、悩んでいること等を聞いたうえで、「○○さんの成長に向けてサポートしたいので、少し時間をくれる？」と本人に目的を伝え、ミーティングの日程を決めます。

Point2 話すテーマを決める

1on1ミーティングでは、基本的には部下が相談したいことをテーマにします。「今、何か困っていることはある？」などの質問をしたうえでテーマ設定をしましょう。

Point3 部下の話に耳を傾ける

大切なのは部下の話に耳を傾ける「傾聴力」です。話す割合のイメージは「部下が70％、上司が30％」です。

なお、部下から会話を引き出す際に矢継ぎ早に質問をしすぎると、「詰問（矢継ぎ早に質問をして、返事を迫ること）」になってしまうので注意が必要です。

Point 4 具体的なアクションとサポートを決める

傾聴力を駆使して話を聞いたうえで、部下に対して「問題を解決するためには、どんなアクションをするのがいいかな？」などと聞き、具体的なアクションを決定します。

その際には、相手に無理のない範囲の実行期限を設定することを忘れないようにしてください。決して「いつまでにアクションを起こせると約束できるの⁉」といった高圧的な聞き方ではなく、「無理のない範囲だと、いつくらいまでに実行できそう？」と投げかける形で期限を設定することを心がけてください。そして、部下の課題やアクションに対して、上司としてサポートできることも具体的に伝えましょう。

飲食店の現場リーダーの皆さんは、ぜひ自店舗でも1on1ミーティングを取り入れてみてください。

第6章

業務負担を軽減して離職を防ぐ飲食店のDX・省人化

01 DXで採用力アップと離職率ダウンを実現した創業200年超の老舗「古屋旅館」

人材不足が深刻化する飲食店において、働くスタッフの業務負担を軽減することは重要なテーマです。ただ、スタッフの業務負担は精神論では決して軽減されません。これからの業務負担軽減において必要な考え方が「**DXによる業務負担改善**」です。

DXとは「デジタルトランスフォーメーション」の略で、経済産業省の定義では「企業がビジネス環境の激しい変化に対応し、データとデジタル技術を活用して、顧客や社会のニーズを基に、製品やサービス、ビジネスモデルを変革するとともに、業務そのものや、組織、プロセス、企業文化・風土を変革し、競争上の優位性を確立すること」とされています。

つまり、デジタルツールの導入などを通じて、社内のマーケティング&マネジメント活動の変革を実現し、企業としての競争力を向上させるということです。

本項では、実際にＤＸにより業務負担軽減に成功している企業の成功事例をご紹介していきます。

老舗旅館が激戦区で生き残るためのＤＸ戦略

飲食業と同様に宿泊業も人材不足が深刻化している産業です。アフターコロナのインバウンド需要の急拡大により、エリアによっては飲食業よりも人材不足が進行しています。

今回ご紹介するのは、熱海駅まで徒歩12分、静岡県熱海市の中心部に位置する全26室の温泉旅館「**古屋旅館**」です。

「古屋旅館」は１８０６年創業で、２００年以上の歴史を持つ熱海随一の老舗旅館です。

一方で「海が見える客室がない」など、集客要素としては決して優位にある施設環境とはいえない「古屋旅館」ですが、親子何代にもわたって通うファンのお客様も多く、老舗人気旅館としてしての地位を確立しています。

熱海市内には、合計で6900室以上の宿泊施設があるといわれています。こうした厳しい競争環境の中で、「古屋旅館」はDXを推進することで競争力向上を実現しています。

―― 100種類以上あった紙のマニュアルを動画に集約

旅館の業務は、「客室」「フロント」「食堂・宴会」「調理場」「販売」「マーケティング・営業」「予約管理」と多岐にわたります。こうしたさまざまな業務を紙でマニュアル化しようとすると膨大な量になってしまいます。

「古屋旅館」では、こうしたさまざまなマニュアルをスマートフォンで確認できる計10時間の動画マニュアルに集約し、紙のマニュアルを撤廃しました。これにより、**スタッフの早期戦力化と接客力の向上**を実現しています。人材不足で接客力が低下している旅館も多い中で、動画とスマートフォンを活用した「教育のDX」を行なうことで接客力を高め、競争優位性を獲得しています。

また、複雑な業務を動画マニュアル化したことで、新卒スタッフ等の「大量の紙のマニュアルを覚えられない」といった不安を払拭し、新卒離職率の低下にも効果が出てきています。

1分間の動画から伝わる情報量は、文字に換算すると180万語にもなるといわれています。若者の活字離れが問題となる中で、動画やスマートフォンを活用した教育プログラム構築の重要性は、今後ますます高まることが予想されます。

LINE WORKSを活用してセクション会議を撤廃

「古屋旅館」では、今までは「客室」「フロント」「調理場」といった各セクションの定例会議を対面で実施していました。これは多くの飲食業、宿泊業にも通じることですが、人材不足が深刻化している中で、多くのセクション会議を実施するということは容易ではありません。

一方で、会議を行なわないと、コミュニケーション不足からさまざまな組織的問題が発生してしまいます。そこで、「古屋旅館」では対面でのセクション会議を撤廃する代わりに、**LINE WORKS**を活用した情報伝達とコミュニケーションを行なう仕組みを構築しました。

図49 LINEとLINE WORKSの違い

	LINE	LINE WORKS
用途	個人向け	仕事向け
個別の既読確認	なし	あり
ユーザー	個人で自由に可能	会社側（管理者）が登録
登録	個人の携帯電話番号	専用IDとパスワード
管理者画面	なし	あり
監査ログ	なし	あり

本書をお読みいただいているほとんどの方は「ＬＩＮＥ」を利用していると思います。

LINE WORKSとは、ＬＩＮＥと同じくＬＩＮＥ株式会社が提供しているサービスですが、この２つは全く別のメッセンジャーアプリケーションです。その違いを一言で表すと、ＬＩＮＥは「個人が使うサービス」ですが、LINE WORKSは「企業が仕事用で使うサービス」です。

「仕事のやりとりもすべて個人用ＬＩＮＥでやっている」という会社も多いと思いますが、個人情報に対する意識や、プライベートと仕事を分けたいといった価値観が高まる中で、「個人のＬＩＮＥを業務で使用したくない」と考えるスタッフも多くなってきています。こうした背景を踏まえて、社内コミュニケーションツールとしてLINE WORKSを導入する企業が増えてきています。LINE WORKSにはさまざまな機能がありますが、ＬＩＮＥとの基本的な機能の違いを図49にまとめました。ＬＩＮＥと比べて、より仕事向けの機能が多くなっていることがおわかりいただけると思います。

会議を廃止し、その代わりとしてLINE WORKSを活用したコミュニケーションの場をつくる。そうすることで、**会議で使っていた時間をお客様へのサービスの時間に割り当てることも可能になります。**

企業としての競争力を高めていくためには、ＤＸや生産性向上を通じて空いた時間をお客様への付加価値向上に活用していくという考え方がポイントとなります。

――スタッフのメンタル状態を把握できるアプリで離職を防止

多くのスタッフを抱える企業では、定期的な面談を通じてスタッフのモチベーションやメンタル状態を把握するのが一般的かと思います。

一方で、こうした方法は、面談を行なうタイミングや頻度をそこまで増やせない中で、どのようにしてスタッフのメンタル状態をタイムリーに把握するかということが課題になります。

「古屋旅館」では、こうした課題を解決するために、毎月1回、スタッフが自身のメンタル状態や会社への意見などを入力できるアプリを導入しています。このアプリのメリットについて、「古屋旅館」の17代目である内田宗一郎代表にお話を伺いました。

内田社長「メンタルアプリを入れたことにより、悩みがあるスタッフをいち早く知ることができるようになりました。困っているスタッフがわかれば、こちらから積極的に本人の悩みを聞いたり、悩みの解決に向けたサポートを行なうことができます。こうした取り組みは、スタッフの離職率の低下に大きく貢献しています」

毎月、全スタッフと個別面談を行なうというのは容易ではありませんが、このようなアプリを活用すれば、悩みを抱えているスタッフといち早く面談を行なうことが可能になります。

確かに、「人材不足」は緊急の課題ですが、「スタッフ教育」「組織内コミュニケーションの活性化」「メンタル面のケア」といった緊急性はないけれど、組織として重要性が高い取り組みを放置していると、結果として離職率が高まり、人材不足の負のスパイラルにはまってしまいます。こうした課題を解決するためにも、ＤＸの推進はこれからの企業に求められる戦略です。

02 完全セルフオーダー方式で4坪・月商600万円！「立喰い寿司 魚椿」

名古屋駅から徒歩3分にある**「立喰い寿司 魚椿《うおつばき》」**。たった4坪しかない超小型店ですが、月商は600万円を超え、月坪売上150万円の繁盛寿司店です。

その繁盛ぶりもさることながら、驚くのは、この魚椿はQRコードのシステムを使った完全セルフオーダー方式で、会計もセルフ会計システムを導入した、いわば「DX寿司店」ということです。さらには、ドリンクもお客様が自分で冷蔵庫から取り出すセルフスタイルです。

このDX寿司店「立喰い寿司 魚椿」は、セルフオーダー&セルフ会計&セルフドリンクを導入することで「効率経営」を実現し、他店では真似のできないコストパフォーマンスをあげ、競争優位性を獲得しています。新鮮な魚と大きなネタのいわゆる王道寿司店ですが、客単価は2800円とかなりリーズナブルであり、連日多くのお客様で賑わっています。

図50 「立喰い寿司 魚椿」の効率経営

「立喰い寿司 魚椿」の外観

QRコードで注文

セルフドリンク

セルフ会計

セルフオーダー＆セルフ会計＆セルフドリンクと聞くと、なんだか無味乾燥な店内をイメージしてしまいますが、実際に「魚椿」を訪れてみると、カウンターでお客様同士が楽しそうに会話をして盛り上がっています。

「魚椿」を経営するのは、第3章6項でもご紹介した光フードサービス株式会社。この業態を開発した背景について、代表である大谷光徳社長にお話を伺いました。

三ツ井「今回、立喰い寿司業態をやろうと思ったきっかけは何でしょうか？」

大谷社長「主力業態である『立呑み焼きとん 大黒』もそうですが、当社ではスタッフが店内のお客様と積極的に会話を行ない、店内のお客様同士の顧客間コミュニティを発生させる営業スタイルを得意としています。この営業スタイルは焼きとん業態だけではなく、他の業態にも活用できるのではないかと考え、立喰い寿司業態にチャレンジしてみようと思ったのです」

三ツ井「立喰い寿司業態は以前からありましたが、セルフオーダー、セルフ会計、セルフドリンクというのは、今までになかったスタイルだと思います。回転寿司はセルフ化が進んでいますが、それ以外の寿司業態は属人性が高く、ＤＸやセルフ化が難しい業態です。『魚椿』で成功すると思われた理由は何でしょうか?」

大谷社長「先ほど申し上げた通り、当社はスタッフと店内のお客様との顧客間コミュニティを発生させる営業スタイルを強みとしてします。こうしたお客様との強いつながりがあるからこそ、他の部分に関してはDXやセルフ化をしても、お客様からご理解をいただけると確信していました。

お客様との強いつながりがないままで、単なる省人化戦略としてDXやセルフ化を行なうと、必ず失敗すると私は思っています。人材不足が深刻化している飲食業においては、人間がやるべきこと、つまりお客様にとって付加価値となる部分(当社では顧客間コミュニティづくり)に人的資源を集中し、オーダーを伺う、ドリンクを運ぶ、会計をするといった、お客様にとってはあまりお店の付加価値を感じられない部分については積極的にDXやセルフ化を検討するようにしています」

飲食店がDXで成功するためには、DXを単なる省人化ではなく、人的資源の集中を行なう一貫として捉え、効率化した時間や人をどのように自社の強みや付加価値に活用していくのかという視点がカギとなるのです。

03 集客DXで23・8坪、月商1080万円を達成！「焼肉ここから」

「**焼肉ここから**」などを全国に37店舗展開している株式会社ＩＳＳＥＩは、集客や評価制度のＤＸを推進しています。本項では、実際にＩＳＳＥＩが取り組んでいる集客ＤＸについて解説していきます。

ＩＳＳＥＩでは、集客に**ＬＩＮＥ公式アカウント**を最大限活用しています。来店されたお客様に対して、「焼肉ここから」のＬＩＮＥ公式アカウントにお友達追加をしてもらうことで、お店からさまざまな情報を届けることが可能になり、リピート来店率を高めることに成功しています。

ＬＩＮＥ公式アカウント活用の効果を最大化するためには、何より**お友達獲得の数を増やす**ことが重要です。そこで「焼肉ここから」では、各店のＬＩＮＥ公式アカウントのお友達獲得率をKPI化し、評価制度とも連動させることで、多くのお友達獲得に成功しています。また、運用面でもさまざまな取り組みを行なっています。

集客の自動化を実現する「ステップ配信」

ＬＩＮＥ公式アカウント運用の重要性を飲食店の方にお話しすると、「ＬＩＮＥ公式アカウントを運用してリピーターを獲得したいけど、現場が人手不足でそこまで手が回らない」といった声をよく聞きます。

こうした課題を解決するべく、「焼肉ここから」では、ＬＩＮＥ公式アカウントの基本機能である**「ステップ配信」**を最大限に活用することで、スタッフの手を一切煩わせることなく、情報発信することが可能となりました。

ステップ配信とは、あらかじめ設定をしておいたタイミングや情報、クーポン等をメッセージで自動配信できるＬＩＮＥ公式アカウントの機能です。ステップ配信を活用することで、スタッフがその都度クーポンの配信等を設定する必要がなくなり、リピート集客販促を自動化することが可能になります。

図51 「焼肉ここから」のLINEステップ配信(自動配信)

● お友達追加直後
「生ビール1杯無料クーポン」

● お友達追加1日後
「黒毛和牛カルビ無料クーポン」

● お友達追加30日後
「ここからホルモン無料クーポン」

「焼肉ここから」の
LINE公式アカウント

図52「焼肉ここから」のリッチメニュー

リッチメニューの活用

「焼肉ここから」では、さまざまなキャンペーン情報の配信を行なうと同時に、「**リッチメニュー**」をフル活用しています。リッチメニューとは、トークルームのキーボードエリアにアカウント独自のメニューを展開できる機能です。

リッチメニューの項目としては「季節キャンペーン」「WEB予約」「WEBアンケート」「オンラインショップ」を設定し、各メニューをクリックすると対象ページに飛ぶように設定しました。アンケートに関しても、以前はスタッフが紙のアンケートをお客様の席にお持ちして記入をお願いするなどしていましたが、今ではこのリッチメニューから自動でアンケートを収集することが可能になりました。

――自社サイトネット予約の推進

ネット予約に関しては、グルメサイト（食べログ、ホットペッパー、ぐるなびなど）経由で行なっている飲食店も多いかと思います。

ネット予約の件数はここ数年で大幅に増加しています。食べログを展開する株式会社カカクコムの決算説明資料を見ると、コロナ禍直前の2019年10月～12月のネット予約人数は1137万人（参照：株式会社カカクコム 2020年3月期決算説明資料）であるのに対し、2023年4月～6月のネット予約人数は1823万人（参照：株式会社カカクコム 2024年3月期第1四半期決算説明資料）となっており、コロナ禍前を上回る数値となっています。

まだまだコロナ禍の影響が残っており、飲食業全体の売上がコロナ禍前の水準に戻っていない2023年4月～6月においても、ネット予約人数はコロナ禍前を上回っているということです。この数値を見ていただくと、いかにネット予約の需要が拡大しているか、おわかりいただけるでしょう。

一方で、グルメサイト経由のネット予約はグルメサイト側に手数料を支払わなければならないため、ネット予約増加のメリットとは裏腹に、手数料の増加というデメリットも考えていかなければなりません。

原材料や人件費、採用費などあらゆるコストが上がっている中で、ネット予約の送客手数料は、飲食店にとっては大きな負担となっています。

そこで「焼肉ここから」は、LINE公式アカウントで自社サイトネット予約限定のクーポン情報を発信したり、リッチメニュー等で自社サイト経由のネット予約を推奨することで、**自社サイト経由のネット予約比率を高めることに成功**しています。

これにより、LINE会員のリピート率を高めると同時に、電話予約によるオペレーション負荷軽減、グルメサイトネット予約手数料の削減を実現しています。

「焼肉ここから」では、こうした集客DXの徹底活用等により、基幹店において23・8坪、月商1080万円、営業利益265万円という実績を出しています。

04

ＤＸで人材育成・評価制度の運用力をアップする

前項では、ＩＳＳＥＩの集客ＤＸについてお話ししました。本項では、ＩＳＳＥＩが取り組んでいる人材育成・評価制度のＤＸについてご紹介します。

ＩＳＳＥＩでは、人材育成・評価制度システム「**モチベイ**」を活用して人材育成のＤＸを実現しています。

「モチベイ」は当社が開発した、飲食店に特化した人材教育・評価制度システムです。

「人材育成や評価制度が大切なのはわかるが、人材不足でそこまで手が回らない」

こんな悩みを抱える飲食店に向けて自社開発したサービスです（「モチベイ」の詳細については下記ホームページからご覧ください）。

飲食店特化の評価
システム「モチベイ」

図53 飲食店特化の評価制度システム「モチベイ」

ISSEIも他の飲食企業と同じく、なかなか人材育成と評価制度がうまく回らず悩んでいました。その原因は大きく2つあります。

①人材育成・評価制度は重要だけど緊急性が低い

多くの飲食店に共通する課題ですが、飲食店では「今、店内でご注文をいただいたオーダー」「明日のシフト」「今日の売上」といった「緊急性と重要性が高い業務」に追われ、会社の未来をつくるために本来取り組まなくてはならない「緊急性は低いが重要性が高い業務」が後回しにされてしまいがちです。

図54 業務の重要度と緊急性

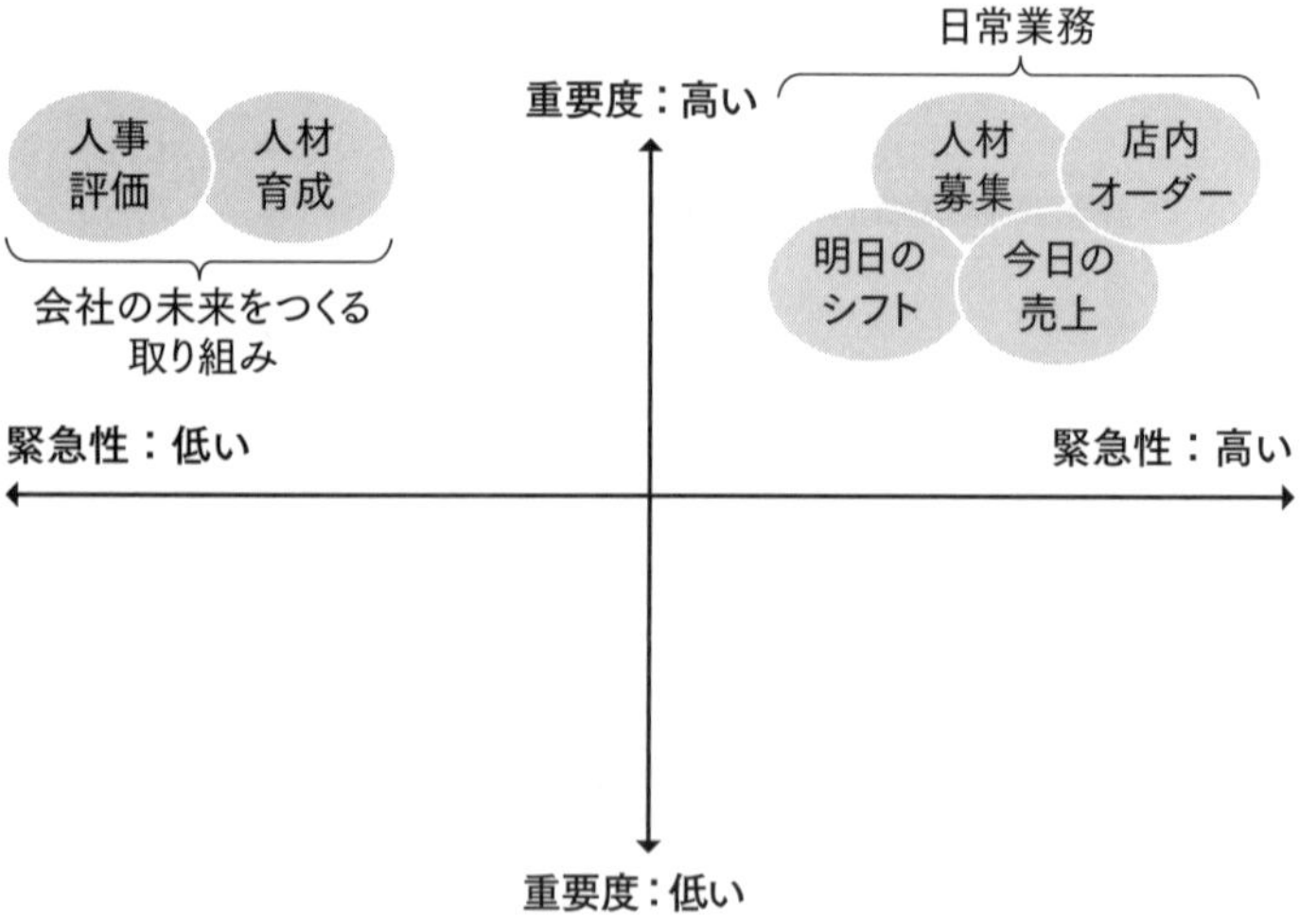

人材育成と評価制度がまさにこれです。ＩＳＳＥＩでは、今後の会社の成長のためには「人材育成と評価制度は必須」という経営方針を定め、全スタッフに会議等を通じて根気強くメッセージを発信し続けました。これにより、社内の多くのスタッフに「人材育成と評価制度は緊急で重要」という認識が広まっていきました。

人材育成と評価制度を組織に定着させるためには、こうした経営陣の揺るぎない決意表明が不可欠です。

②人材育成・評価制度は手間がかかる

人材育成と評価制度は構築や運用に手

間がかかります。「モチベイ」は、飲食店に特化した人材育成・評価制度をＤＸすることで手間を省き、スタッフの早期戦力化とモチベーションアップ、定着率向上を実現させることを目的に開発しました。

ＩＳＳＥＩでは「モチベイ」を導入し、アルバイトや社員、さらには社員の役職に応じて求められるスキルをシステムに搭載し、自己評価、上長評価を行なっています。さらには、各スキルの詳細を動画で確認することが可能なため、スタッフの初期教育に活用しています。

「人が足りないから、人材育成や評価制度が回せない」

これでは、人材不足の負の連鎖は免れません。人材育成・評価制度をＤＸし、効率的に回す仕組みを構築することが、人材不足解消の一手となるでしょう。

05 急速凍結機の導入で職人レス焼肉店を実現

本章3・4項でDX事例を紹介させていただいたISSEIでは、DXのみならず**省人化による社員の業務負担軽減**にも取り組んでいます。

焼肉店も当然ながら人材不足が進行しており、その中でもとりわけ「肉が切れる職人」の採用が難しくなってきています。最近では「職人が退職してしまったので、休業日を増やして何とかしのいでいる」「人材不足のため、2店舗あった焼肉店を1店舗に縮小し、なんとか職人のやりくりをしている」という話もよく聞くようになりました。

こうした厳しい人材環境の中で、残された職人に業務負担が集中し、さらなる離職を招いてしまう……といった負の連鎖に陥るケースも少なくありません。

セントラルキッチンの設置でさまざまな成果を実現

「焼肉ここから」では、こうした事態を防ぐべく、2022年に全店の肉のカットや加工を一括して行なう**セントラルキッチン**を設置しました。店舗にはセントラルキッチンでカットされた肉が納品されるため、スタッフは届いた肉を解凍して袋から出し、タレを揉み込んで提供するだけのオペレーションで店舗営業ができる仕組みになっています。

「冷凍した肉なんて、おいしくないのでは?」といった意見もありますが、「焼肉ここから」では通常の冷凍(緩慢冷凍)ではなく、急速冷凍機を活用して肉の冷凍を行なっています。急速冷凍機は大きく分けると、リキッドフリーザー(液体凍結型の急速冷凍機)とエアブラスト冷凍機(空気凍結型の急速冷凍機)に分かれます。「焼肉ここから」では、アルコールを使ったリキッドフリーザーを活用することで、冷凍時の品質の劣化を最小限に抑えています。

また最近では、他の食材と同じく精肉価格(特に輸入肉)も上昇傾向にありますが、「焼肉ここから」では仕入価格が安い時期に食材を大量購入して急速冷凍することで、原価抑

図55 「焼肉ここから」のセントラルキッチンのアルコール凍結機

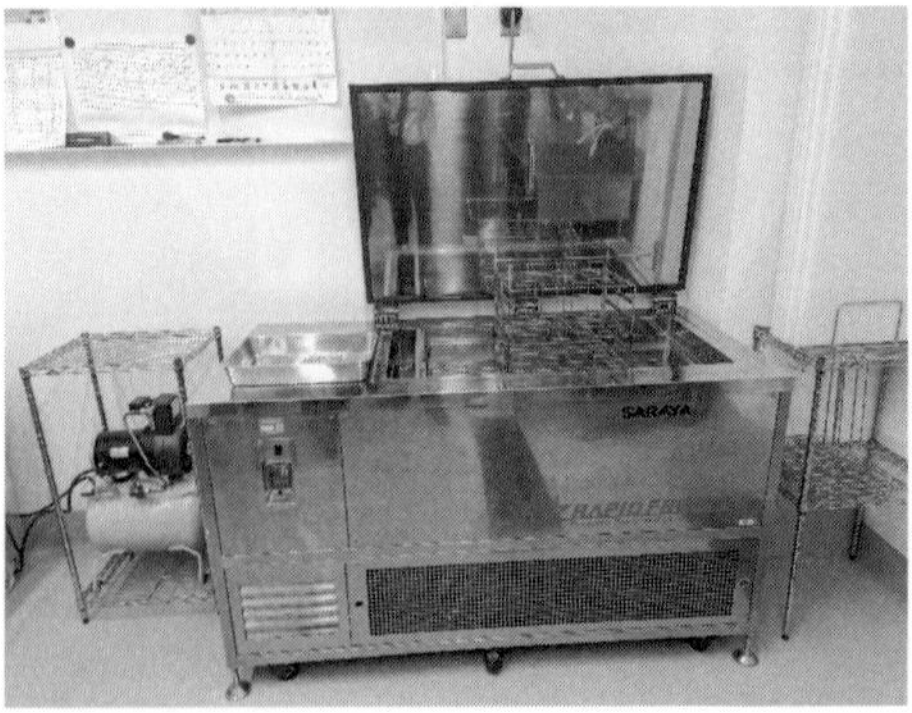

制も実現しています。

こうした取り組みにより、店舗でスタッフが包丁を使ってカットする肉類は「タン」「ハラミ」「ロース」の3種類のみで、それ以外の肉の大半はすべてセントラルキッチンからカットされた肉が納品される仕組みを構築しました。この仕組みによりアルバイトスタッフだけでの営業も可能になり、社員の業務負担軽減、品質の安定、職人レス化を実現しています。

今回は焼肉店の事例をお話ししましたが、急速凍結機を活用した省人化は、和食や居酒屋、その他の業態でも大きな効果を発揮しています。

DXのみならず、こうした最新の厨房機器を活用して省人化を行ない、社員の業務負担を軽減する取り組みも検討の価値があります。

第7章

求職者が途切れない飲食店の採用ブランディング

01 良い会社であっても、求職者に伝わらなければ応募はこない

ここまで、主に定着力を高めるためにやるべき施策についてお話ししてきました。ここで皆さんに思い出していただきたいのですが、第1章2・3項で「人材不足時代にやるべき2つのこと」をお伝えしました。人材不足を解消するためには「採用力」と「定着力」、この2つを高めていくしか方法はありません。

最終章となる本章では、2つのうち「採用力」についてお話ししていきます。

――採用力をアップする2つの要素

「採用力」を高めるためには、**①採用ブランディング**と**②採用媒体選定**という2つの要素があります。

人材不足時代になると、多くの経営者の方が「どんな採用媒体を使えば応募が入るか？」「採用媒体にいくら使えばよいか？」といった部分に注視しがちですが、採用媒体だけで勝負をすると、採用予算の面などから、どうしても大手企業に負けてしまいます。私は、**中小企業こそ「採用ブランディング」に力を入れていくべき**だと思っています。

ただ一方で、求職者から見て何の魅力もない企業が、小手先だけの採用ブランディングを行なっても意味はありません。**ここまでお伝えしてきた「定着力」を高める取り組みを整備・実行したうえで、「この会社・お店で働く魅力」を高め、それを求職者に伝えていく**活動こそが「採用ブランディング」なのです。

第7章では、当社の支援先のリアルな採用ブランディングの成功事例をご紹介していきます。

02 オシャレな採用ホームページをつくっても採用できない

採用ブランディングを行なううえで重要なのが、**採用ホームページ**です。

「今の時代はさまざまなインターネット求人媒体があるので、自社の採用ホームページは必要ないのでは？」と思われる方も多いと思いますが、転職希望者に行なったアンケート調査では、転職希望者の90％以上が、検討企業の公式ホームページや採用ホームページを事前にチェックしているという結果があります（参照：ヒトクル「約6割が企業の採用ホームページの情報が物足りないと感じている　採用ＨＰに関する求職者調査」https://hitokuru.atimes.co.jp/list/297）。

実際、支援先の飲食店に入社した中途社員にヒアリングを行なうと、次のような答えが返ってきました。

「このお店のことは転職サイトで見つけましたが、その後、会社名で検索して採用ホームページを見ました」

「転職サイトの情報だけでは、その店舗で実際に働くイメージができず、社名検索をして採用ホームページのスタッフインタビューを見て、仕事内容がイメージできました」

このヒアリング結果からもわかるように、求職者は転職サイト等で求人を見つけたとしても、その後、自分で企業名を検索して、その会社の公式ホームページや採用ホームページでさらに細かい情報収集を行なっているのです。

こうした求職者の行動を踏まえ、当社にも採用ホームページの制作に関するご相談を多数いただくようになりました。

事例 繁華街で居酒屋を2店舗経営している小山社長

当社のYouTubeチャンネルをご覧になって、無料経営相談のご依頼をいただいたのは、飲食店を2店舗経営している小山社長（仮名）です。

小山社長「求人募集を出しても全く応募が入らない状況です。無料で採用ホームページが制作できるサービス等も使っているのですが、無料サービスのため、あまりデザイン性を出すことが難しいという課題があります。

私も気になって他社の採用ホームページをいろいろと見たのですが、もっとオシャレな採用ホームページをつくったほうがいいのではと思い、ご相談しました」

三ツ井「小山社長が参考にされた他社の採用ホームページはどんな会社ですか？」

小山社長に参考にしている他社の採用ホームページを確認したところ、その多くはカフェやバル、イタリアン等を展開する外食企業のようでした。

三ツ井「確かにどれもオシャレでカッコいい採用ホームページですね。ただ採用ホームページがいくらオシャレなイメージになっていたとしても、入社前に採用ホームページで見たイメージと、実際に働いてみたお店、会社の実態にギャップがあると離職につながる可能性もあります」

今回ご相談をいただいた小山社長に限らず、「オシャレな採用ホームページを制作したい」というご相談をよくいただきます。確かに、オシャレなほうが求職者にとってはイメージが良いかもしれません。ただ、採用ブランディングにおいて重要なのは、**その会社の魅力を求職者に伝えること**です。たとえオシャレでも勤務実態と違う内容だと、入社後の離職につながる可能性が高くなってしまいます。

小山社長「**確かに三ツ井さんのおっしゃる通りです。それでは、具体的にはどういった内容を採用ホームページに掲載するべきでしょうか？**」

ここで思い出していただきたいのが、第1章4項の「人が辞めない飲食店になるための5つのポイント」です。①勤務待遇、②公平な評価、③誇り、④企業文化、⑤成長環境といった5つのポイントの強みを採用ホームページで明確に打ち出していくのです。

実際に、5つのポイントの詳細項目「人が辞めない飲食店40のチェック項目」（36～37

ページ）で小山社長の会社を分析した結果、特に④企業文化の「31.表彰式や社員旅行、ＢＢＱなど会社が主催するスタッフ向けイベントが年に1回以上開催されている」や、⑤成長環境の「37.スタッフが社内で新たなことにチャレンジができるようサポートしている」といった取り組みに力を入れていることがわかりました。

そこで、今回つくる採用ホームページでは、①～⑤のポイントも踏まえつつ、特にこの2点を重点的に伝える内容の採用ホームページにしていくことになりました。

「人が辞めない飲食店40のチェック項目」で自社の強みやスタッフを分析することで、**自社で働いてほしいスタッフ像＝採用ペルソナ**を明確にすることが可能となります。飲食店の集客において、来店してほしいお客様＝集客ペルソナの設定が重要なのと同じように、人材採用においても採用ペルソナの設定は非常に重要です。

ダウンロード

人が辞めない飲食店
40のチェック項目

――ミスマッチを防ぎ離職防止にもなる

採用ペルソナや打ち出す自社の魅力が定まったら、採用ホームページ全体の構成やテキスト内容などをヒアリング。その後は、デザイナーを交えてディスカッションを行ない、自社の魅力を伝えるためのホームページデザインを考えていきます。

こうした打ち合わせを重ね、約2カ月で小山社長の会社のホームページが完成しました。運用開始後の状況を伺うと、このような返答がありました。

小山社長「先日、転職サイトで求人をかけた際に、以前には全くなかった採用ホームページ経由の応募が5件入り、1名の社員を採用できました。しかも、当社がほしかった人材です。

後日、入社してくれたスタッフにヒアリングを行ないましたが、最初に求人を目にしたのは転職サイトでしたが、その後で企業名をネット検索し、採用ホームページを見て社風に共感し、そのまま応募してくれたようです」

このように採用ホームページをしっかりと作り込むことは、自社の魅力を求職者に伝えると同時に、採用のミスマッチを防ぐ効果もあります。

03 Instagram広告でアルバイト応募7名を獲得した「串かつ　さじろう」

当社の支援先で、千葉県内で「**串かつ　さじろう**」を2店舗展開している株式会社さじろうでは、初めてInstagram広告を活用した採用を行なうことになりました。

さじろうの岩佐社長はどんどん新しい取り組みにチャレンジされる方で、当社の他の支援先でInstagram広告採用に成功している事例をお見せしたところ、試しに実施することになったのです。

Instagramを使った人材採用のメリットは、次の通りです。

①求人原稿では伝わらないお店の雰囲気などを見てもらえる

求人媒体は「求人原稿」を主軸とした媒体であり、実際のお店の営業雰囲気などが伝わりにくいというデメリットがあります。一方、Instagramでは日々の営業風景やお店の特徴が投稿写真などで「リアルな自社の魅力」が求職者に伝わりやすいというメリットがあり、採用ブランディングの観点から見ても有効です。

②詳細なターゲット設定ができる

Instagram広告では、年齢、性別、エリア等のターゲットを細かく設定できるため、少ない予算で効率的な求人広告を配信することが可能になります。

③思い立ったらすぐに広告をスタートできる

求人媒体だと、求人広告代理店の担当者との打ち合わせ等が発生し、掲載までに時間がかかりますが、Instagram広告では思い立ったらすぐに広告を配信することが可能です。

──Instagramの採用広告配信ステップ

Instagram広告のやり方には、大きく分けて「Facebookビジネスマネージャー経由」「Facebookページ経由」「Instagramアプリ経由」の3つの配信方法がありますが、今回は一番簡単な「**Instagramアプリ経由**」の広告配信方法について簡単に解説します。

Instagram広告を使って飲食店の採用広告を配信するステップは、次の通りです。

1. **Instagramアカウントをビジネスアカウントに切り替える**
2. **自社のInstagramアカウントで求人募集の内容を投稿する**
3. **2の投稿を宣伝する**
4. **細かい広告設定を行なう**
5. **オーディエンス（ターゲット）を設定する**
6. **予算を設定する**
7. **広告を配信する**

これで広告の配信は完了です。投稿後に広告配信をチューニングすることも可能ですが、ＡＩの学習期間中に設定を変更すると効果測定が難しくなるため、基本はそのまま放置します。あとはリンク先の応募媒体からの応募を待つのみです。

図56「串かつ さじろう」のInstagram広告の例

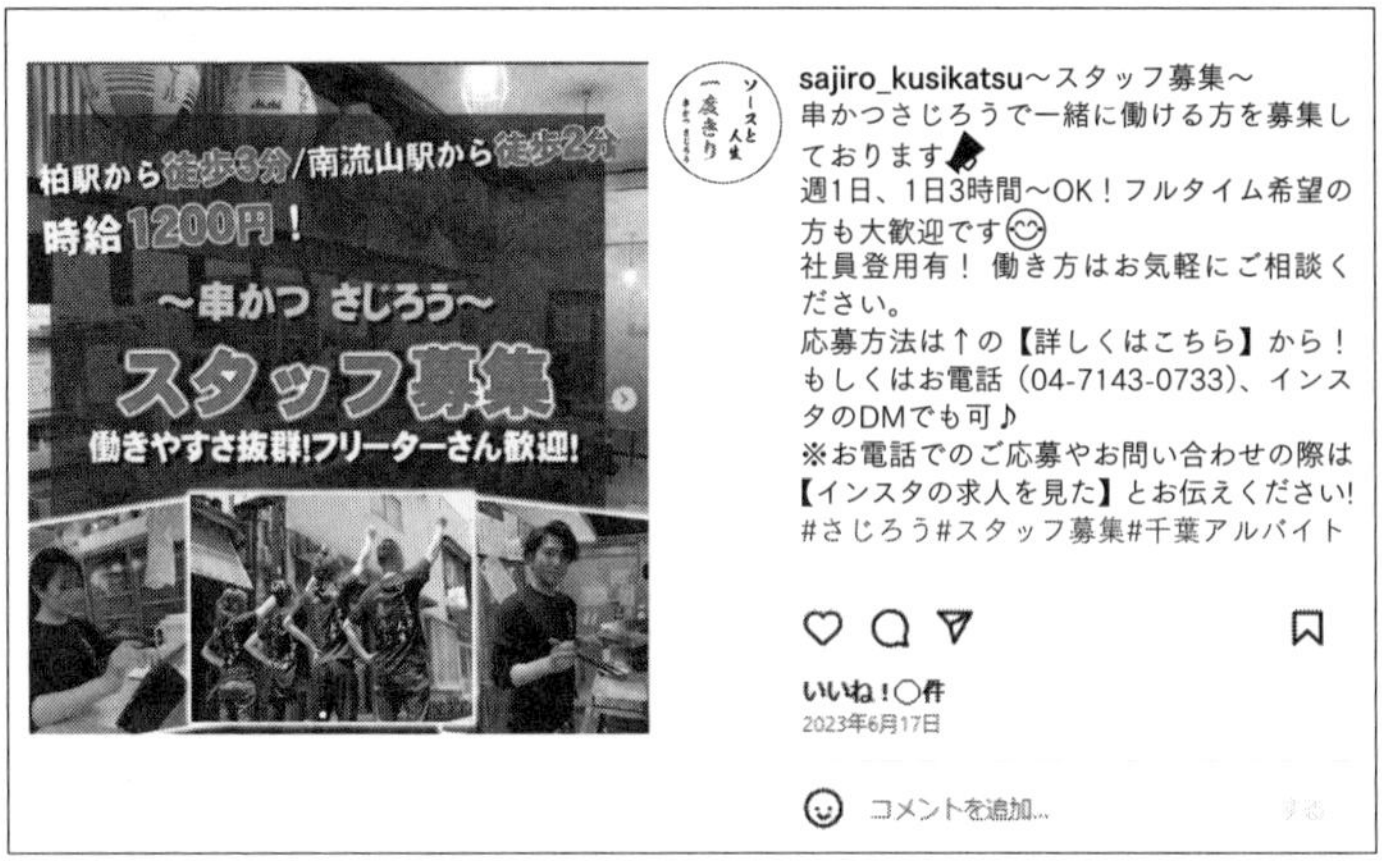
柏駅から徒歩3分/南流山駅から徒歩2分
時給1200円！
〜串かつ さじろう〜
スタッフ募集
働きやすさ抜群!フリーターさん歓迎!
sajiro_kusikatsu〜スタッフ募集〜
串かつさじろうで一緒に働ける方を募集しております
週1日、1日3時間〜OK！フルタイム希望の方も大歓迎です
社員登用有！ 働き方はお気軽にご相談ください。
応募方法は↑の【詳しくはこちら】から！もしくはお電話（04-7143-0733）、インスタのDMでも可♪
※お電話でのご応募やお問い合わせの際は【インスタの求人を見た】とお伝えください!
#さじろう#スタッフ募集#千葉アルバイト
いいね！○件
2023年6月17日
コメントを追加...

実際に「串かつ さじろう」では、3万円の広告費でアルバイトスタッフ7名の応募を獲得することができました。

岩佐社長「今回は、初めて求人でInstagram広告を活用してみました。次回は求人とお店のPR両方の内容を、Instagram広告で配信したいと思います。

採用だけではなく集客にもつなげることができ、費用対効果がさらに高まると思っています」

Instagramは集客に向けた販促戦略、採用広告戦略の双方で有効です。ぜひ、皆さんのエリアでもチャンレジしてみてください。

04 地方でも採用単価10分の1で応募数が5倍以上になった「焼肉ろざん」

滋賀県湖南エリアで黒毛和牛焼肉店「**焼肉ろざん**」を3店舗展開する株式会社トゥーライズでは、さまざまな求人媒体で社員応募を行なうも、全く採用ができずに困っていらっしゃいました。

ここでは、「焼肉ろざん」での採用戦略の取り組みに関して、同社代表の大村武之社長へのインタビューも交えながらご紹介します。

事例 採用効果を劇的に高めた採用戦略

最初に行なったのが、**採用実績分析**です。どの採用媒体にいくらコストをかけて、何名の採用ができたのかをしっかりと分析していきました。

図57 人材採用の公式

閲覧数 × 応募率 ＝ 応募人数
応募数 × 採用率 ＝ 採用人数

トゥーライズでこの分析を行なった結果、年間の社員応募数は3名、応募単価（求人広告費÷応募数）は26万1000円でした。

ここでまず注目したいのが「**応募率**」です。求人広告媒体でたくさん露出したとしても、応募率が低ければ、当然ながら応募人数を増やすことはできません。

トゥーライズの採用実績分析を行なった結果、まずは応募率に問題があることがわかりました。そこでトゥーライズでは、応募率を高めるために次の取り組みを行ないました。

①採用特化型ホームページの構築

本章2項でも述べましたが、求職者は採用媒体を見てそのまま応募するかというと、そうではありません。特に社員であれば、必ずといっていいほど、その企業の公式サイトや採用ホームページを見ます。

そこで、トゥーライズにおいても、まずは採用に特化したホームページを構築しました。

三ツ井「まずは採用特化型ホームページをつくることを提案させていただきましたが、そのときはどのように思われましたか？」

大村社長「最近は人材不足ということもあり、あらゆる求人媒体を使っていましたが、ほとんど応募がなく、〝次の一手〟に悩んでいるときでした。ただ正直、最初は『手間をかけて採用に特化したホームページをつくっても、求職者は見てくれないのではないか？』と半信半疑でした」

三ツ井「実際に、採用特化型ホームページをつくった後のご感想はいかがですか？」

大村社長「今回、採用特化型ホームページでは、当社の経営理念、経営ビジョン、キャリアステップ、福利厚生、会社概要、スタッフインタビューなどを掲載しました。採用特化型ホームページをつくってまず感じたのは、応募数が圧倒的に増えたことと、面接前に当社の考え方をあらかじめ見てきてくださるので、応募者とのミスマッチが減ったことです」

図58 「焼肉ろざん」の採用動画

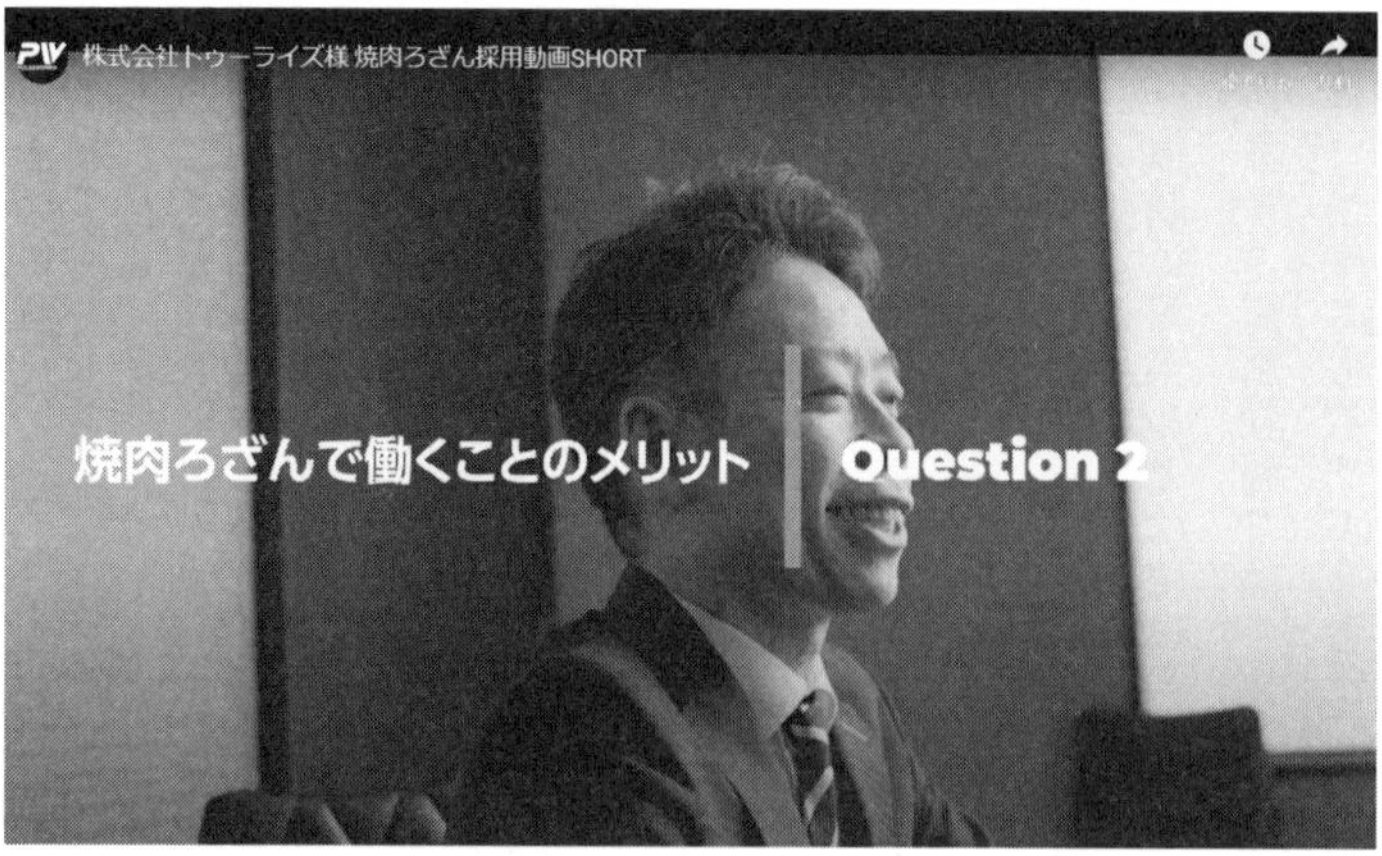

社長からのメッセージ等も動画で伝える

働くスタッフに焦点を当てた動画を製作

②採用動画の作成

求職者に自社の魅力を伝えるうえで、動画は非常に有効です。前述した通り、1分間の動画で伝えられる内容は、文字に換算すると180万語以上にもなります。動画を使うことで、文字だけでは伝えきれない自社の魅力を求職者に伝えられるようになります。

さらには、とあるアンケート調査でも就活生の8割が「動画を視聴することで志望度が上昇した」と答えており、これからの時代の採用はますます動画の重要性が増していくことが予想されます。

こうした中でトゥーライズでも、自社の魅力を伝える採用動画を作成することになりました。動画ではスタッフの働き方にクローズアップし、働きやすさや働きがいを伝えるコンセプトでストーリーを構築。撮影にはドローンも活用しました。

大村社長「採用動画は採用特化型ホームページにも掲載していますが、面接が決まった方に事前にメールで採用動画のリンクを送信し、面接までに見ていただくようにしています。採用動画では、私自身が経営に対する想いについてお話ししているのですが、これは活字では伝えることが難しく、動画を活用したことで自社の考え方を面接前に求職者の方にしっかりと伝えることができるようになりました。
面接までに当社の採用動画を見ていただくことで、面接に来ないといった、いわゆる〝面接前離脱〟も減りました」

③パーソナルスカウトメールによるダイレクトリクルーティング

最近では飲食店においても、登録されている求職者に企業が直接スカウトメールを送る「**ダイレクトリクルーティング**」を利用する企業が増えてきています。今回、トゥーライズでも初めてダイレクトリクルーティングを活用しました。

動画

トゥーライズの
採用動画

一般的にスカウトメールを送る際には、定型文を送信する企業が多いのですが、トゥーライズでは定型文を使わず、当社の専門コンサルタントがスカウト対象者一人ひとりの職務経歴をすべて読んだうえで、その経歴を自社でどのように活かすことができるか等をしっかりと記載した「パーソナルスカウトメール」を大村社長と一緒に作成しました。これにより、スカウトメールの応募率が各段にアップしました。

大村社長「今回は近隣エリア在住の方を対象に、職務経歴等を拝見したうえで30名の方にパーソナルスカウトメールをお送りしました。かかったコストは10万円で、返信は3通、面接の結果1名の採用につながりました。
最近は採用媒体で80万円のコストをかけても1名しか採用できていなかったので、今回は採用単価10万円で社員を採用できたのには本当に驚きました」

④アナログ戦略の実施

今回はWEBを活用した採用施策だけでなく、求人ポスターの掲示や、詳細なエリア設定を行なったうえでの求人ポスティングチラシなど、アナログの採用施策も実行していきました。求人ポスターは店内だけでなく、店頭の目立つ位置にも掲示。求人ポスティングチラシはあえて店舗半径ではなく、自転車や車の通勤圏内の住宅街エリアを細かく選定して、ポスティングしていきました。

さらに採用施策ごとに応募率や1次面接通過率、2次面接通過率、最終採用率などを細かく分析し、改善に取り組みました。

図59 焼肉ろざんの求人ポスター

大村社長「店頭に貼り出した求人ポスターからは４名の応募があり、求人ポスティングチラシからは５名の応募がありました。今まではＷＥＢの採用媒体に頼りすぎていたので、今回の成果を見て、改めてＷＥＢとアナログを組み合わせて採用活動を行なうことの重要性を痛感しました」

こうした取り組みのかいもあり、以前は年間３名程度の社員応募で、１名応募単価（社員１名の応募を獲得するためにかかる求人広告費）が26万1067円であったのに対し、年間の社員応募数が17名、1名応募単価は2万2500円と、採用コストを10分の1以下に下げることができました。

大村社長「今までは自社の採用に関して、どちらかというと闇雲にやっていましたが、今回しっかりと自社の採用状況を分析したうえで戦略的な採用を行なったことで、『どの媒体に、どれくらいコストをかければいいのか』ということがわかり、採用効果を劇的に高めることができました」

今は、「求人広告媒体にお金を払って掲載さえしていれば採用できる」という時代でありません。これからの時代は、採用サイトや採用動画で自社の魅力を伝える採用ブランディングをしっかりと行なったうえで、自社の採用活動の課題点を炙り出し、継続的に改善に取り組んでいきましょう。

この「**採用活動のＰＤＣＡサイクル**」を回していくことが、超人材不足時代を乗り越えるための最善策です。

おわりに

皆様、本書を最後までお読みいただき、ありがとうございました。

当社は「飲食店経営者のヤリタイコトをカタチにする」を経営理念に掲げ、さまざまな飲食店支援を行なっています。

日々のコンサルティングで日本全国の飲食店経営者とお話をさせていただくと、「人材不足」に対するお悩みは、年々深刻さを増してきています。外食産業の人材不足は今後、改善するどころか、ますます悪化していくであろうことは、皆さんも既にご承知かと思います。

こうした厳しい人材環境の中で会社を存続させていくためには、本書でお伝えした通り、「定着力」を強化していくことが必須となります。しかしながら、「定着力を強化したいが、何から手をつけていいか、わからない」と悩まれている飲食店経営者の方が多いのではないでしょうか？

これまで、飲食店経営における「開業」「集客」「接客」「人材育成」「数値管理」といったテーマの書籍は多数出版されていますが、飲食店に特化した「人材定着力」や「評価制度」について、成功事例を交えて詳しく解説しているものは、私が調べた限りでは見当たりませんでした。そこで今回、私としては3冊目となる書籍のテーマを「飲食店の定着力強化」として、執筆させていただきました。

本書では、日々、飲食店経営者の方のヤリタイコトをカタチにするべく、強い使命感を持って、全力で取り組んできた「定着力強化」の成功事例をできる限りわかりやすくお伝えしたつもりです。

確かに、「定着力強化」は、一朝一夕で解決できる簡単な経営課題ではありません。ただ、経営者が一歩を踏み出す決断をしない限り、定着力はいつまで経っても強化することはできません。

本書が皆様の会社の「定着力強化」に向けた一歩を踏み出すきっかけになれば、飲食店コンサルタントとしてこれに勝る幸せはありません。

三ツ井創太郎

読者限定ダウンロード特典のご案内

本書で紹介した資料や
エクセルシートetc.をダウンロードしていただけます。

https://www.threewell.co/book

- ■ 人が辞めない飲食店40のチェック項目
- ■ KPI策定シート
- ■ A4サイズ1枚でつくれる経営計画書
- ■ QSCチェックシート
- ■ スタッフ簡易スキルマップ

公式YouTube

毎週更新！
三ツ井創太郎の
YouTubeチャンネル ☞

■ 無料経営相談etc.のお問い合わせ

スリーウェルマネジメント	検索

株式会社スリーウェルマネジメント
https://www.threewell.co/
東京都中央区銀座1-3-3 G1ビル7階
TEL：03-4567-6094

※特典に関するお問い合わせは、著者までお願いします（info@3well.co）。
※この特典は予告なく終了する場合があります。

著者略歴

三ツ井創太郎（みつい　そうたろう）

株式会社スリーウェルマネジメント 代表取締役
一般社団法人日本フードビジネス経営協会 代表理事
1980年生まれ。高校3年生のとき、バブル経済の崩壊に伴い家業が倒産。大学時代は、昼は寿司店、夜はバーでアルバイトをして学費を稼ぐ傍ら、料理家の栗原はるみ氏のアシスタントとして料理の基本を学び、調理師免許を取得。大学卒業後は飲食店のキッチン、ホール、店長等を歴任した後、最年少で飲食部門統括責任者に昇進。飲食ブランドの全国展開に携わる。2012年、東証一部上場（当時）のコンサルティング会社、株式会社船井総合研究所に入社。飲食部門のチームリーダーとして、日本全国の飲食店支援を行なう。2016年、株式会社スリーウェルマネジメントを設立。「飲食店経営者のヤリタイコトをカタチにする」を使命に掲げ、個人店から上場外食チェーンに至るまで、定着力強化や業績アップ、多店舗化、人材採用、評価制度構築、フランチャイズ本部構築、メニュー開発、業態開発など幅広い経営支援を行なう傍ら、「Yahoo!ニュース」の公式コメンテーターやテレビ、メディア等への出演も務める。最近では、東京都をはじめ、全国の地方自治体や政府系金融機関の飲食店支援プロジェクトにもコンサルタントとして多数参画している。
著書に『飲食店経営“人の問題”を解決する33の法則』『V字回復を実現する！ あたらしい飲食店経営35の繁盛法則』（同文舘出版）がある。

人が辞めない飲食店「定着力」の強化書
——超人材不足を解決する「評価制度」のつくりかた

2024年3月6日　初版発行

著　者——三ツ井創太郎

発行者——中島豊彦

発行所——同文舘出版株式会社

東京都千代田区神田神保町1-41　〒101-0051
電話　営業03（3294）1801　編集03（3294）1802
振替00100-8-42935
https://www.dobunkan.co.jp/

ISBN978-4-495-54154-5

印刷／製本：萩原印刷
Printed in Japan 2024